Wilhelm Preger

Albrecht von Österreich und Adolf von Nassau

Wilhelm Preger

Albrecht von Österreich und Adolf von Nassau

ISBN/EAN: 9783743662674

Hergestellt in Europa, USA, Kanada, Australien, Japan

Cover: Foto ©ninafisch / pixelio.de

Weitere Bücher finden Sie auf **www.hansebooks.com**

Albrecht von Oesterreich

und

Adolf von Nassau.

Von

Wilhelm Preger,

Dr. der Theologie u. Gymnasialprofessor in München, a. o. Mitglied der k. b. Akademie der Wissenschaften.

Zweite Auflage.

Leipzig,
Dörffling und Franke.
1869.

Vorwort.

Die nachfolgende Abhandlung war als Programm des Maximiliansgymnasiums in München im Jahre 1865 nur in einer beschränkten Anzahl von Exemplaren gedruckt worden. Da der Verfasser aus der Aufnahme, welche sie fand, wahrnahm, daß mit ihr der Specialforschung ein wenn auch kleiner Dienst geleistet sei, und die Arbeit auch von auswärts mehrfach begehrt wurde, so entschloß er sich, sie in den Buchhandel zu geben, um sie der Benützung zugänglicher zu machen. Die inzwischen erschienenen verdienstvollen Arbeiten von Ennen, Lorenz und Schliephake boten Anlaß, einzelnes zu ergänzen oder auch gegen Einwendungen sicher zu stellen.

D. Vf.

Ueber die Verhältnisse, unter welchen die Empörung Albrechts von Oesterreich gegen König Adolf sich vorbereitete, sind wir noch vielfach im Dunkeln. Die Annalen und Chroniken aus jener Zeit widersprechen sich in vielen wichtigen Punkten, und bei keinem ihrer Verfasser läßt sich eine genaue Kenntniß von dem eigentlichen Gang der Dinge voraussetzen. Den einzigen sicheren Leitfaden vermögen hier nur die Urkunden zu bieten. Eine nicht unbedeutende Zahl derselben findet sich in gedruckten Werken zerstreut; aber es fehlt viel, daß sie für die vorliegende Frage hinreichend ausgenützt wären. Und selbst dann blieben noch manche Lücken, die nur durch weitere Veröffentlichungen aus den Archiven ergänzt werden können.

Das Kaiserthum des 12. Jahrhunderts erweist sich noch überall als eine das Vasallenthum beherrschende Macht. Nicht bloß in Folge der Größe ihres eigenen Besitzes oder durch ihr Herrschertalent nehmen die Kaiser dieser und der früheren Zeiten ihre gebietende Stellung ein. Es ist die Idee des Kaiserthums, wie sie, durch große Herrscher hervorgerufen, in der Nation lebte, welche auch schwächeren Regenten schützend zur Seite steht und vielfach die widerstrebenden Elemente nicht minder niederhalten hilft als etwa die physische Gewalt. Das Bewußtsein, einem mächtigen Verbande anzugehören, hatte ein stolzes Gemeingefühl erzeugt, das in der Majestät des Kaiserthums seinen entsprechenden Ausdruck suchte und forderte, und in Bedrängnissen sich ihm als mächtige Stütze darbot.

Das ist wesentlich anders geworden im Verlaufe des 13. Jahrhunderts. Das ideale Moment ist geschwunden; die Welt ist profaischer, nüchterner geworden; sie rechnet jetzt vorherrschend mit materiellen Größen. Aus dem furchtbaren Kampfe, in welchem sich die beiden höchsten Gewalten der Christenheit wechselseitig zerfleischten, ist diese neue Richtung geboren. Jene Elemente, welche Papst und Kaiser zu Hülfe riefen, um sich zu schaden, beherrschen nun auf lange hinaus den Schauplatz der Geschichte. Es ist die Zeit der großen und kleinen Vasallen. Das deutsche Königthum hat sich mit ihnen abzufinden, wenn es bestehen will. Es kämpft fast zwei Jahrhunderte lang um seine Existenz, bis es in einem bedeutenden Hausbesitze eine gesicherte Stellung und eine Art von Erblichkeit gefunden hat.

Dieselbe Familie, bei welcher das deutsche Königthum zuletzt eine bleibende Stätte finden sollte, hat in der Zeit, von der wir hier sprechen wollen, die beiden Ziele bereits energisch in's Auge gefaßt, die Ausbildung einer fürstlichen Gewalt, welche dem Königthum zur Grundlage dienen könnte, sowie die Erhaltung dieses Königthums bei dem eigenen Hause. Aber dies letztere war nun eine weit schwierigere Aufgabe als früher. Ehedem war es gewohnte Weise, bei der Wahl des neuen Königs dem Blute zu folgen. Die mächtigen Fürsten des Reichs fanden das jetzt nicht mehr in ihrem Interesse, sobald die Combination der königlichen Würde mit einem starken Hausbesitze in Aussicht stand. Und nicht minder kam das Königthum in Collision mit den Fürsten, sobald es versuchte, in einem eigenen Besitze eine freiere und unabhängigere Stellung zu gewinnen.

Es ist kaum eine Zeit geeigneter, diese Verhältnisse zur Anschauung zu bringen, als die Zeit Albrechts von Oesterreich und Adolfs von Nassau. Der erstere, im Besitze einer neuen Fürstengewalt, strebt diese zu befestigen und zugleich die Krone, die sein Vater getragen, zu gewinnen. Der andere, im Besitze der Krone, strebt nach einer größeren Gewalt für sein eigenes Haus. Die Fürsten erwehren sich des ersten, indem sie den zweiten erheben, und sie stürzen den zweiten mit Hülfe des ersten, als dieser ihnen lästig zu werden beginnt.

König Rudolf wünschte die Nachfolge im Reiche einem seiner Söhne zu sichern. Da er seinen ältesten Sohn Albrecht zur Gründung einer Hausmacht in Oesterreich ausersehen hatte, so dachte er die Krone zuerst seinem zweiten Sohne Hartmann, und als dieser im Rheine umgekommen war, seinem dritten Sohne Rudolf zu. Er verhandelte deshalb mit den weltlichen Kurfürsten im J. 1290 zu Erfurt. Unter diesen waren drei seine Schwiegersöhne: Pfalzgraf Ludwig, Albrecht von Sachsen-Wittenberg und Wenzel von Böhmen. Der letztere sicherte seine Stimme zu; aus der hierüber ausgestellten Urkunde[1] läßt sich das Gleiche auch von Albrecht von Sachsen vermuthen. Von Pfalzgraf Ludwig ist ohnehin nicht anzunehmen, daß er Schwierigkeiten werde erhoben haben, da sein ganzes späteres Verhalten ihn dem Interesse der Habsburger ergeben zeigt. Wie weit nun aber auch der König mit diesen Verhandlungen gekommen oder nicht gekommen sein mochte — der Tod seines Sohnes Rudolf am 8. Mai 1290 machte sie fruchtlos.

Viel größer waren die Schwierigkeiten, die sich nun den Bemühungen Rudolfs für seinen ältesten Sohn Albrecht entgegenstellten. Denn Albrecht war im Besitze der dem Vater Wenzels, dem Könige Ottokar, entrissenen Herzogthümer Oesterreich und Steyermark. Ein König, der die Wurzeln seiner Macht in dem eigenen Besitze und nicht in dem guten Willen der Fürsten gehabt hätte, konnte für die meisten derselben nicht erwünscht sein. Und welche Vortheile hatte Albrecht dem Eigennutze der Kurfürsten zu bieten, die ein schwächerer König nicht in höherem Maße hätte hoffen lassen dürfen? Albrecht kam selbst am 19. August 1290 mit großem Gefolge nach Erfurt[2]. Daß ihn hieher die Angelegenheit wegen der Nachfolge im Reiche geführt habe, unterliegt keinem Zweifel. Die Aufmerksamkeit, welche er seinem Schwager Wenzel schenkte, die Vergünstigungen, welche Rudolf diesem gewährte, das Versprechen, welches der Pfalz-

---

1) Urk. 1290 Apr. 13. Erfurt. Böhmer Regg. (1844) Reichssachen N. 158.
2) Chron. Sampetr. ap. Mencken Scr. rer. germ. III, 297.

graf Ludwig wenige Wochen später zu Regensburg gab, als er eben, wahrscheinlich mit Albrecht selbst, von Erfurt zurückgekehrt war, sprechen dafür. Pfalzgraf Ludwig sagte zu Regensburg dem Herzog seine Stimme zu [1]. Aber ebenso ist aus einer erneuerten Zusage desselben Ludwig vom 13. April 1292, sowie aus einer nach des Königs Tode erfolgten Sendung nach Prag, von der uns Ottokar von Horneck erzählt, zu schließen, daß Herzog Albrecht weitere Zusagen nicht erhalten haben kann. Denn in der Urkunde vom 13. April 1292 verspricht Pfalzgraf Ludwig alle seine Mühe aufwenden zu wollen, daß auch die andern weltlichen Kurfürsten für Albrecht gewonnen würden [2], welches Versprechen zur Voraussetzung hat, daß dieselben bis dahin von Albrecht noch nicht gewonnen waren; und jene Werbung Herzog Albrechts in Prag endete nach Ottokar [3] mit der Erklärung Wenzels, daß er Albrecht nicht wählen werde, womit also jene Folgerung, die wir aus dem Versprechen des Pfalzgrafen zogen, wenigstens in Hinsicht auf König Wenzel bestätigt wird.

Es war nun aber nicht bloß die Vereinigung eines nicht unbeträchtlichen Hausbesitzes mit der Krone, welche den König von Böhmen zum Gegner seines Schwagers machte. Bei ihm waltet noch eine besondere Abneigung, über deren Ursache bisher keine genügende Erklärungen beigebracht worden sind. Nach Ottokar, dem sich unter den neueren Darstellern Matz [4] anschließt, verweigert Wenzel dem Herzog seine Stimme, weil dieser das Erbe ihres beiderseitigen Neffen Johann nicht herausgeben will.

1) Urk. 1290. Sept. 9. Regensburg. Quellen zur bayer. u. deutsch. Geschichte V, 447.

2) Urk. bei Kurz, Oesterr. unter d. Kön. Ottokar u. Albrecht I. II, 209: promittimus, corporali super eo prestito iuramento, quod ad hoc tocius sollicitudinis et diligencie nostre studium conuertemus, — — quod Seculares Principes Jus in Romani Regis eleccione habentes, una nobiscum in Magnificum principem dominum Albertum — — vota sua dirigant. — — Et si forte quod absit, predictos nostros conprincipes, vel eorum aliquos aut aliquem — — non possemus ad huiusmodi favorabilis intencionis nostre propositum inclinare, nichilominus etc.

3) Chron. Austriac. ap. Pertz script. rer. austriac. III, cap. 538.

4) De causis belli inter Adolfum regem Romanorum et Albertum etc. Regiom. Pr. 1858. p. 31.

Allein dieser Sohn des am 8. Mai 1290 verstorbenen Rudolf war erst zur Zeit des Todes seines Vaters geboren. Da nun nach dem bestehenden Rechte Albrecht als der nächste väterliche Verwandte der unbestreitbare Vormund war und es ihm zustand die Güter seines Mündels ohne Berechnung zu verwalten[1], so konnte unmöglich im J. 1290 oder auch in den zunächst folgenden Jahren die Erbschaft Johanns die Ursache des Zerwürfnisses sein.

Gegen die Nachricht der Königssaaler Chronik[2], Albrecht habe den Brautschatz von Wenzels Gemahlin zurückbehalten und bei einer Zusammenkunft mit Wenzel die zuvorbestimmte Form nicht beachtet, macht Palacky mit Recht den Widerspruch mit den Urkunden geltend. Auch Droysen[3] verzichtet darauf, den Grund der Feindschaft Wenzels aus den bisher bekannten Quellen zu ermitteln. Allein dieser, wie wir sehen werden, für das Verständniß der nachfolgenden Entwicklung der Dinge wichtige Punkt läßt sich doch einigermaßen aufhellen. Nach einer bisher unbenützten Urkunde des hiesigen Reichsarchivs, die am Schlusse dieser Abhandlung mitgetheilt werden soll, verspricht nämlich König Adolf dem böhmischen König, daß er in Betreff der Herzogthümer Oesterreich, Steyermark und Kärnthen und dessen, was zu ihnen gehöre, den Weg freundschaftlicher Beilegung zwischen Wenzel einerseits und Albrecht und Meinhard von Kärnthen anderseits versuchen wolle. Gelinge das nicht, dann wolle er dem böhmischen Könige an den genannten Herzogen Recht verschaffen nach Maßgabe der Beweise, die der böhmische König vorzubringen im Stande sei, und hiebei wolle er, König Adolf, sich gegen Wenzel als einen günstigen und wohlwollenden Richter erzeigen[4]. Es dürfte nach der angeführten Stelle kaum einem Zweifel mehr unterliegen, daß es die Herzogthümer Oesterreich und Steyermark waren, die Wenzel zum Gegner Albrechts machten und deren Herausgabe

1) Vgl. Zöpfl deutsche Rechtsgeschichte (1858) S. 682.
2) Chronicon aulae regiae ap. Dobner Monum. histor. Boemiae T. V, 93.
3) Albrechts Bemühungen um die Nachfolge im Reich. Leipz. 1862.
4) Urk. 1292. Juni 30. Aquis-grani. Am Schlusse dieser Abhandlung N. I.

Wenzel als Bedingung für seine Wahlstimme gestellt hat¹. Er wird um so weniger mit dieser Forderung zurückgehalten haben, als nach der hergebrachten Rechtsansicht der gewählte König, wenn

1) Sollte es zu weit gegangen sein, wenn ich sage, daß es die Herzogthümer Oesterreich und Steyermark waren, welche den König von Böhmen zum Gegner Albrechts machten, und daß er Ansprüche auf dieselben geltend machte, um wenn auch am Ende nicht diese selbst, so doch eine möglichst große Entschädigung durch Adolfs Einwirkung von Albrecht zu erhalten? Lorenz (Ueber die Wahl des Königs Adolf von Nassau. Sitzungsber. der philos.-hist. Classe der Ak. der Wissenschaften. Wien 1867) legt die von mir aufgefundene und hiefür angezogene Urkunde so aus, als ob hier nicht von den gesammten Herzogthümern, sondern nur von Oesterreich und auch da wieder nur von einem Theile desselben, von dem Gebiete nördlich der Donau geredet werde, welches Gebiet für die Mitgift der böhmischen Königin ehedem als Pfand eingesetzt worden sei. Aber daß hier die Herzogthümer als ganzes, und nicht etwa ein Theil von einem derselben die Streitfrage bilden, wird unzweifelhaft klar durch den Zusatz „et pertinentiis eorundem". Die Herzogthümer also mit dem was zu ihnen gehört, bilden die Streitfrage, und Adolf verspricht freundschaftliche Beilegung des Streits. „Freundschaftliche Beilegung", meint Lorenz, könne unmöglich gesagt werden, wenn Wenzel gleich Albrecht beide Herzogthümer begehrt habe. Warum nicht? Man weiß ja, was alles nach dem Wörterbuch der Diplomatie „freundliche Beilegung" heißen kann. Als Oesterreich auf Venetien verzichten sollte, da hielt man in der einen Hand die Geldentschädigung, in der andern das Schwert. War das nicht in der Sprache des alten Talleyrand eine via amicabilis compositionis? Daß man zur Zeit, als Wenzel mit Adolf diesen Vertrag schloß, mit dem Gedanken umging, das habsburgische Haus aus Oesterreich und Steyermark wieder zu verdrängen, ist ja jetzt auch aus der von Ennen aufgefundenen Urkunde vom 26. April 1292 klar ersichtlich. Denn in dieser verspricht Graf Adolf, daß er mit den Herzogthümern Oesterreich und Limburg, wenn sie ans Reich zurückgefallen seien, niemand ohne des Erzbischofs Zustimmung belehnen werde, und daß diese Concession in dem Hasse des Erzbischofs gegen das habsburgische Haus ihre Veranlassung habe, findet auch Lorenz. Dazu ist auch die Hypothese, welche Lorenz aufstellt, nicht wohl zu begründen. Denn für das verpfändete Oesterreich nördlich der Donau war schon im J. 1277 das Gebiet von Eger substituirt worden und noch im J. 1292 am 11. Mai, also wenige Wochen, ehe das erwähnte Versprechen in Betreff Oesterreichs und Steyermarks gemacht wird, hatte Adolf dem Könige Wenzel die Ansprüche auf Eger, welche derselbe von früher her haben möchte, ausdrücklich gewährleistet. Auch Schliephake, Geschichte von Nassau II, 387, stimmt meiner Auffassung im Wesentlichen bei, und nimmt an, daß Wenzel die Wiedergewinnung von ganz Oesterreich ins Auge gefaßt habe, zunächst aber hätten es die böhmischen Staatslenker auf das österreichische Gebiet im Norden der Donau abgesehen gehabt. Allein ob es gerade dieses Gebiet gewesen sei, welches als eine Art Abschlagszahlung hätte dienen sollen, dafür fehlt es doch an der sicheren Begründung. Sehr gut aber ist Schliephake's Hinweis auf den Erzbischof von Cöln, der wie wir oben sahen die Wiederverleihung Oesterreichs durch Adolf von seiner Zustimmung abhängig macht. Dadurch, meint er, trete die Verbindung des böhmischen Königs mit den beiden rheinischen Kurfürsten in ein helleres Licht.

er bisher ein Herzogthum gehabt, dieses niederlegen und einen andern Fürsten damit belehnen mußte[1]. Aber ebenso sicher ist, daß Albrecht nicht geneigt war, seine Herzogthümer dem Fürsten eines andern Hauses zu überlassen. Noch ein anderer Umstand mochte König Wenzel in seiner Opposition gegen Albrecht bestärken. Wenige Tage, nachdem Herzog Albrecht zu seinem Vater nach Erfurt gekommen war, am 31. August 1290, war er von diesem mit der Krone von Ungarn belehnt worden[2]. Der König von Böhmen, von väterlicher und mütterlicher Seite her mit dem aussterbenden Hause der Arpaden verwandt[3], konnte unmöglich gewillt sein, durch die deutsche Krone einen Gegner zu verstärken, der den Ansprüchen seines Hauses auch hier im Wege stand.

Es wird uns berichtet, König Rudolf habe noch einmal auf dem Hoftage zu Frankfurt im Mai 1291 die Kurfürsten für Albrecht zu gewinnen gesucht, aber ohne Erfolg[4]. Daß die drei geistlichen Kurfürsten zu Frankfurt anwesend waren, wird ausdrücklich erwähnt[5]. Ihnen galten wohl vornehmlich des Königs Bemühungen. Wenn man aus einer Urkunde, die Rudolf in jener Zeit dem Bischof Boemund von Trier ausstellte[6] und aus dem, was Ottokar über das Verhalten Boemunds bei der Wahl Adolfs zu erzählen weiß, eine Vermuthung wagen darf, so scheint dieser Erzbischof noch der willfährigste gewesen zu sein. Dagegen haben sicher die Erzbischöfe von Cöln und Mainz zu „den Widersprechenden" gehört. Dem Interesse dieser beiden Stühle hatte sich Rudolf nicht besonders hold gezeigt. Beiden Stiftern hatte er bisher besessene Reichslehen entzogen[7]. In dem Kampfe, den Sifrid von Cöln um das limburgische Erbe mit dem Herzog von

---

1) Zöpfl a. a. O. 461.
2) Urk. bei Kurz a. a. O. 203.
3) Vgl. Palacky Geschichte v. Böhmen II, 1. S. 383.
4) Annales brev. Wormat. ap. Pertz Monum. Germ. hist. XVII, 78. Chron. Sampetr. l. c. 301: sed Electoribus inter se discordantibus eadem electio est anihilata. cf. Ann. Colm. maj. ap. Pertz l. c. 218.
5) Chron. Sampetr. l. c. 300.
6) Böhmer Regg. Rudolf n. 1118.
7) Vgl. Günderrode Geschichte Rudolfs. Sämmtl. Werke I, 151.

Brabant geführt hatte, war der König Sifrids Gegner gewesen. An den Ausgang dieses Kampfes knüpften sich für den Erzbischof bittere Erinnerungen. In der blutigen Schlacht bei Woringen 1288 war er mit Adolf von Nassau, der hier den Ruf seiner Tapferkeit begründete, gefangen genommen worden, und die Gefangenschaft, die er erdulden mußte, war eine ziemlich harte[1]. Im October 1288 übertrug Rudolf die Vogtei über Essen, auf welche der Erzbischof Ansprüche machte, einem Feinde desselben, dem Grafen von der Mark[2]. Wie bei diesen Voraussetzungen auf Seite des Cölner Erzbischofs keine Sympathien für das habsburgische Haus zu vermuthen sind, so lassen andere Umstände eine ebenso ungünstige Stimmung bei Gerhard von Eppenstein, dem Erzbischofe von Mainz, erwarten. Als hier am 2. April 1284 Erzbischof Werner gestorben war, hatte eine Partei Gerhard von Eppenstein zu dessen Nachfolger erkoren. Aber weder dieser noch sein Gegner wurden vom Papste bestätigt. Nach einer mehr als zweijährigen Sedisvacanz ernannte der Papst den vom Könige Rudolf dringend empfohlenen Bischof Heinrich von Basel[3]. Erst nach dessen Tode konnte Gerhard an das Ziel seiner Wünsche gelangen. Aber auch die Interessen des Mainzer Erzstiftes selbst hatte Rudolf empfindlich beeinträchtigt. Während jener Sedisvacanz hatte der König dem Stifte ein Reichslehen, die Gerichtsbarkeit über den Bachgau, nicht bloß entzogen, sondern dieselbe auch dem feindlichen Nachbar des Erzstiftes, dem Grafen Ulrich von Hanau, übertragen[4]. Dazu war ein anderer Feind Gerhards, Heinrich von Klingenberg, einer der einflußreichsten Räthe Rudolfs. Es beleuchtet das Verhältniß Gerhards zu König Rudolf nichts besser, als die Verpflichtung, zu welcher sich nachher König Adolf gegen Gerhard verstehen muß, daß er ohne des letzteren Zustimmung weder Ulrich von Hanau noch Heinrich

---

1) Ottokar Cap. 536.
2) Ennen, die Wahl des Königs Adolf von Nassau S. 13 ff.
3) Ann br. Wormat. l.c. 77. cf. Böhmers Regg. Rudolf nn. 860—866.
4) Vgl. Steiner, Alterthümer u. Geschichte des Bachgaus I, 84 ff.

von Klingenberg je in seine Dienste nehmen oder ihnen eine Gunst erweisen wolle[1].

So begreifen wir es, wenn König Rudolf auch bei diesen Fürsten keine seinen Wünschen entgegenkommende Stimmung fand.

Nicht lange nach dem Hoftage zu Frankfurt, am 15. Juli 1291, starb König Rudolf. Um wie viel schwerer mußte es jetzt für den Herzog sein, an das Ziel zu gelangen, da nun auch das Ansehen seines königlichen Vaters ihm nicht mehr zur Seite stand!

Und gerade damals war Albrecht von Gefahren umringt, die eine minder feste Willenskraft als die seinige hätten wankend machen können.

Herzog Albrecht hatte nach einem Kriege mit dem jüngst verstorbenen Könige von Ungarn einen Theil des ungarischen Gränzgebietes zurückbehalten; er wollte ein Pfand haben, bis ihm Schadenersatz für erlittene Beeinträchtigungen geworden wäre. Dies und wahrscheinlich auch der Anspruch, den Albrecht kraft der Erfurter Belehnung auf Ungarn machte, veranlaßte den neuen König Andreas, Oesterreich mit Krieg zu überziehen. Die Lage, in die sich Albrecht durch die feindlichen Schaaren gebracht sah, war eine sehr ungünstige, als die Nachricht von dem Tode König Rudolfs kam. Schwerlich würde er ohne diesen Fall an Frieden gedacht haben; aber dieser drängte ihn dazu. Er wollte seine Kräfte frei haben, um sie für die deutsche Krone verwenden zu können. Schon sechs Wochen nach dem Tode Rudolfs, am 28. August 1291, war unter bedeutenden Opfern Friede und Bündniß mit König Andreas erkauft[2].

Kaum jedoch hatte sich Albrecht dieses Feindes entledigt, als neue Verwicklungen im eigenen Lande der Verfolgung seines Zieles hemmend in den Weg traten. Es ist die Zeit, in welcher die kleinen Vasallen mit wachsender Energie der fürstlichen Gewalt gegenüber treten. Albrecht war ein kraftvoller Fürst, der überall die Schranken seiner Macht zu erweitern bemüht war. Er hatte dem

---
1) Würdtwein Diplomat. Maguntina I, 30 sqq.
2) Urk. bei Lichnowsky, Geschichte des Hauses Habsburg II, p. 277.

steyrischen Adel die Bestätigung seiner Freiheiten bis jetzt vorenthalten, und sich namentlich durch Verschlechterung der Münze dessen Unwillen zugezogen. Nun, nach dem Kriege mit Ungarn, forderte der Adel Bestätigung seiner Rechte und Abstellung der Beschwerden[1]. Albrecht war eine von den zähen schwäbischen Naturen, die schwer daran gehen, was sie besitzen, zu opfern, um größeres zu erlangen. Er hielt, so lange es ging, beides fest. Die Concessionen an Ungarn hatten seine Opferwilligkeit erschöpft. Auch trotz den Steyrern hoffte er zum Ziele zu gelangen. Er wies sie ab und sie hinwieder kündigten ihm den Gehorsam. Aber die Dinge gestalteten sich drohender, als er erwartet haben mochte. Das Verhältniß Albrechts zu Salzburg führte diese gefahrvolle Wendung herbei. Es war seit längerer Zeit Feindschaft zwischen Albrecht und dem Erzstift, das sich über Gewaltthätigkeiten des Herzogs nicht ohne Grund beklagte. Nach einem verheerenden Kriege, in welchem Erzbischof Rudolf den Bann über Albrecht ausgesprochen hatte, war während der Friedensverhandlungen der Erzbischof in Wien von dem Herzog gefangen genommen worden. Die Klagen, die derselbe, als er frei geworden war, vor König Rudolf nach Erfurt brachte, blieben fruchtlos[2]. Als er dann plötzlich zu Erfurt starb, glaubte man im Volke, Albrechts einflußreichster Rathgeber, Abt Heinrich von Admont, habe ihn vergiften lassen. Bei dieser Lage der Dinge war es für die Steyrer nicht schwer, den neuen Erzbischof Konrad für ihre Sache zu gewinnen. In den letzten Tagen des Jahres 1291 kam der Bund zu Stande[3], dessen Genosse auch Herzog Otto von Niederbayern wurde. Sofort begann der Krieg. Das Herzogthum Steyermark sollte dem Oesterreicher entrissen und dem bayerischen Her-

---

1) Ottokar Cap. 481 ff.

2) Des Königs Entscheidungen bei Bohmer Regg. Rudolf n. 1044 u. 1045.

3) Diese Zeitbestimmung ergibt sich aus den Annal. Salisb. Contin. Weich. de Polhaim Pertz Mon. XI, 813, wo der Tod des Bischofs von Seckau in die Zeit um Weihnachten 1291 gesetzt wird. Der Bischof starb auf der Reise nach Friesach, wo er mit Konrad von Salzburg im Namen der Steyrer wegen des Bundes verhandeln sollte. Gleich nachher kam das Bündniß zu Stande. Ottokar l. c. Cap. 494 ff.

zog gegeben werden[1]. Im Februar 1292 hatten sich die Verbündeten eines Theils von Steyermark bereits bemächtigt.

Da erhob sich Albrecht, zunächst sein Herzogthum und dann die Krone zu gewinnen. Mit Heeresmacht erschien er unerwartet in Steyermark. Noch im Februar[2] hatte er sich über den schneebedeckten Sömmering, der Steyermark von Oesterreich scheidet, durch 600 Bauern den Weg bahnen lassen. Die überraschten Feinde wichen eilend aus dem Lande. Der Adel suchte Frieden bei dem Herzog. Schon am 20. März 1292 kam er zu Stande. Den Besiegten gewährte nun Albrecht, was er den trotzig Fordernden verweigert hatte[3]. Dann zog er mit einer starken Schaar von Rittern und Knechten nach dem westlichen Deutschland, in der Richtung auf Frankfurt, wo in den nächsten Wochen, nach dem Ausschreiben Gerhards von Mainz am 2. Mai[4], das deutsche Reich nach einem zehnmonatlichen Interregnum einen neuen König erhalten sollte.

Waren inzwischen Verhältnisse eingetreten, welche den Hoffnungen Albrechts einen neuen Aufschwung gegeben hatten? Johann von Victring berichtet[5], Gerhard von Mainz habe den Herzog durch Eberhard von Katzenelnbogen auffordern lassen, zu kommen und die ihm bestimmte Herrschaft zu übernehmen.

Nach der Chronik von Königssaal[6] haben die Kurfürsten dem Herzog auf sein unablässiges Andringen hin die Krone zugesagt und sich ihm schriftlich verpflichtet.

Ottokar erzählt[7]: „die Kurherren alle sieben" hätten ihn zwei-

---

1) Ann. Austr. Contin. Vindob. Pertz Mon. XI, 717.
2) Nach einer Urkunde in den Monum. Zolleran., auf die wir zurückkommen werden, ist er am 15. Febr. 1292 noch zu Wien. Unmittelbar nachher muß er nach Steyermark aufgebrochen sein.
3) Lichnowsky Regg. Herzog Albrecht n. 10.
4) Urk. 1291. VII. id. nov. Noricum (Richtiges Datum Sept. 7. zum Newenhauß cf. Böhm. Regg. Reichssachen 163). Bei Sommersberg Script. rerum Siles. I, 947.
5) Ap. Böhmer fontes rerum. german. I, 330.
6) l. c. f. 95.
7) l. c. f. 491. 499.

mal zum Zuge nach dem Rheine und zur Uebernahme des Reiches auffordern lassen.

Aber alle diese Nachrichten sind falsch. Sie stimmen weder mit der Lage der Dinge, noch mit den Urkunden. Wir versuchen es vorerst, auf Grund der Urkunden die wahre Sachlage so viel als möglich zu ermitteln.

Am 7. Sept. 1291 hatte Gerhard von Mainz an den König von Böhmen sein erstes Schreiben wegen der Königswahl ergehen lassen: er beruft ihn auf den 2. Mai 1292 nach Frankfurt. Ohne Zweifel erhielten um dieselbe Zeit auch die übrigen Kurfürsten die gleiche Einladung. Im Anfang des October hatten Wenzel von Böhmen und Pfalzgraf Ludwig eine Zusammenkunft in Eger. Wiewohl nun die Urkunde[1], welche Wenzel hier dem Pfalzgrafen ausstellt, nur Vereinbarungen wegen gegenseitiger Gränzeinfälle und Zusicherungen der Freundschaft enthält, so ist doch kein Zweifel, daß auch die Wahlfrage zur Besprechung gekommen ist. Denn wir wissen von anderer Seite her, wie sehr sich um jene Zeit Wenzels Gedanken damit beschäftigen. Eben damals oder kurze Zeit nachher sind Boten des Böhmenkönigs auf dem Wege nach Sachsen und Brandenburg, die Fürsten dieser Länder zu einer Zusammenkunft einzuladen, bei welcher die bevorstehende Wahl einen Gegenstand der Verhandlung bilden sollte. Aus dem Schweigen der oben erwähnten Urkunde folgt darum für uns nur, daß es zu einer Vereinbarung über die Wahl zwischen beiden Schwägern nicht gekommen ist. Ludwig steht, wie wir wissen, auf der Seite Albrechts, Wenzel ist dessen Gegner.

Zu anderen Resultaten dagegen führte der Tag von Zittau, wohin auf Wenzels Einladung im November 1291 Albrecht von Sachsen und Otto der Lange von Brandenburg[2] gekommen waren. Hier verpflichtete sich Herzog Albrecht von Sachsen gegen

---

1) Urk. 1291. Oct. 8. ap. Egram, in Quell. u. Erörterung. z. b. u. d. Gesch. V, 461.

2) Daß auch Otto der Lange um diese Zeit hier gewesen sei, wird aus der Urkunde Albr. von Sachsen wahrscheinlich. Wenige Wochen zuvor finden wir ihn mit Albr. v. Thüringen zu Eilenburg unweit Leipzig. Wilkii Ticemannus Dipl. f. 96. Er scheint auf dem Wege nach Zittau zu sein.

König Wenzel¹, keinen andern zum römischen Könige wählen zu wollen als den, der ihm vom Könige von Böhmen bezeichnet werde. Er gibt diese Zusage, nachdem Wenzel und Otto der Lange ihm versprochen haben, den neuzuwählenden König zur Auszahlung von 4500 Mark Silber und zu andern Vergünstigungen an Sachsen verpflichten zu wollen².

Wie wir aus dem Mitgetheilten ersehen, ist Otto von Brandenburg mit König Wenzel in dieser Frage eins. Und zwar begibt auch er sich gleich dem Herzog von Sachsen der freien Wahl. In einer Urkunde, von der Palacky das betreffende Stück mittheilt³, verspricht er ganz ebenso stimmen zu wollen wie Wenzel.

So verfügt denn dieser König über drei Kurstimmen, und wir wissen, daß er nicht im Sinne hat, sie Albrecht zuzuwenden. Nun verstrichen allerdings noch von dem Tage zu Zittau an bis zu Albrechts Aufbruch gegen fünf Monate und es hätten immer noch die drei Kurfürsten ihrem Uebereinkommen untreu werden können, so daß Ottokar und die Chronik von Königsaal mit ihrer Nachricht dennoch theilweise Recht behielten. Aber auch diese Möglichkeit fällt vor der schon oben erwähnten Urkunde des Pfalzgrafen Ludwig vom 13. April 1292 dahin.

Oder sollte vielleicht der Erzbischof von Mainz seinen Entschluß geändert haben und wenigstens Johann von Victring Recht behalten, der den Grafen Eberhard von Katzenelnbogen mit einer Einladung des Mainzers zu Herzog Albrecht kommen läßt? In der That scheint diese Nachricht eine Bestätigung durch den Umstand zu erhalten, daß wir den genannten Grafen im Februar und März bei Herzog Albrecht finden. Er wird mit dem Herzog als Zeuge in einer am 15. Februar 1292 zu Wien ausgestellten

---

1) Urk. 1291 Nov. 29. Sittaviae, bei Ludewig Reliquiae Manuscript. V, 436 sqq.
2) Eine andere Bestimmung des Vertrags ist, daß der Herzog von Sachsen mit 20 Mann Gefolge in Gesellschaft und auf Kosten des Böhmenkönigs reist, so lange er wegen der Wahl außer Landes ist. Selbst die Kleider seines Gefolges bezahlt der Böhmenkönig. Fürwahr, stolz war dieser Herzog nicht!
3) a. a. O. II, 1, 369.

Urkunde[1] und ebenso als Zeuge in dem Friedenstractat vom 20. März zu Friesach angeführt. Böhmer, der wie Droysen nur die letztere der eben angeführten Urkunden kennt, bezweifelt nun freilich, daß diese Sendung des Grafen Eberhard die Aufgabe gehabt habe, welche ihr Johann von Victring zuschreibt, und meint, die sonst bekannten Thatsachen machten eine derartige Sendung problematisch. Dagegen findet wieder Droysen in einer solchen Einladung keinen Widerspruch mit den Thatsachen, sondern hält es für nicht unwahrscheinlich, daß der Mainzer wenigstens vorübergehend für Albrecht gewesen sei. Die Erwägung, daß Albrecht mit König Wenzel, mit den Herzogen von Sachsen und Bayern verwandt sei, und daß es ihren vereinten Bemühungen wohl gelingen könnte, sich der Mehrzahl der Kurfürsten zu versichern, habe es dem Mainzer von größerem Vortheil erscheinen lassen, wenn auch ihm Albrecht die Wahl verdankte, als wenn dieser vielleicht trotz seines Widerspruchs gewählt würde. Die andere Ueberlegung, meint Droysen, möge gewesen sein, daß Albrecht, obwohl stark und mächtig, den Schwerpunkt seiner Macht doch im fernen Osten habe, und daß ein solcher König ihm größeren Spielraum zur Vollführung seiner Pläne lassen werde.

Allein fassen wir die Zeit der Urkunden, in welchen des Grafen Eberhard Name sich findet, in's Auge. Es sind der 15. Februar und der 20. März 1292. Sollte bis dahin Gerhard von Mainz, den wir als Oberhirten der Prager Diöcese in so manchen Beziehungen zu Böhmen finden, nichts von der Stimmung Wenzels gegen Albrecht, nichts von dem Uebereinkommen zu Zittau erfahren haben? Sollte Wenzel, der so eifrig bemüht war, die Wahl Albrechts zu hintertreiben, mit Gerhard bis dahin in gar keine Verhandlungen eingetreten sein? Und ist es einem Gerhard von Mainz wohl zuzutrauen, daß er auf die einfache Thatsache

---

[1] Monumenta Zollerana ed. Stillfried et Maercker T. II. n. 378. Irrthümlich setzt Stillfried das Datum „an sand Georien Tage" in den 23. April um. Um diese Zeit ist der Herzog nicht mehr zu Wien, sondern im westlichen Deutschland. Es ist nicht der Georinstag, sondern der Georgiatag gemeint.

der Verwandtschaft seine politischen Entschließungen gegründet habe?

Auch ist nicht wohl wahrscheinlich, daß erst in den letzten Tagen vor der Entscheidung Adolf von Nassau in Vorschlag gebracht worden sei. Schon die Verträge, die Adolf unmittelbar nach der Wahl mit Mainz und Böhmen schließt, setzen längere Unterhandlungen voraus. Sicher hatte Gerhard von Mainz, dem Adolf die Krone wesentlich mit verdankte, zehn bis sieben Wochen vor der Wahl dessen Erhebung bereits in's Auge gefaßt.

Und Eberhard von Katzenelnbogen? Er ist der Oheim Adolfs von Nassau und während dessen ganzer Regierung einer seiner eifrigsten Anhänger. Er ist, wie Adolf später bezeugt, um die Zeit der Wahl für ihn thätig gewesen[1]. Sollte gerade dieser zur Ueberbringung einer derartigen Botschaft von dem Mainzer ersehen worden sein?

Ich kann Böhmer nur Recht geben, wenn er meint, die sonst bekannten Thatsachen sprächen gegen die Angaben Johanns von Victring. Aber wie ist dann die Anwesenheit Eberhards von Katzenelnbogen in Wien und Friesach zu erklären?

Es sind verschiedene Möglichkeiten. Die eine ist: Eberhard stand um diese Zeit noch im Dienste Albrechts wie vorher im Dienste Rudolfs. Hiefür spräche, daß er bei Johann von Victring als ein von Albrecht Abgefallener bezeichnet wird[2], und ferner, daß er am 15. Februar und 20. März in Albrechts Umgebung ist, was eher auf einen bleibenden Dienst, als auf eine Gesandtschaft bei Albrecht deutet[3]. Demnach wäre er in

---

1) Urk. 1296. Dec. 24. Spirae, bei Wenck Hessische Landesgeschichte I. Katzenelnbogisch. Urkundenbuch p. 65: quod cum in principio creationis nostrae spectabilem Virum E. comitem de K., Avunculum nostrum karissimum, ob fidelitatem et servitia indefessa, quibus nobis et Imperio adhaerere non desinit, nobis et Imperio in Bopardia conquisierimus in Castrensem etc.

2) Maguntinus pontifex Eberhardo — quod ab Alberto discesserat et nunc eius captivus existeret exprobravit.

3) Lorenz meint, Ennen und ich hätten die Erzählung Johanns von Victring wohl zu widerlegen gesucht, aber die nach seiner Meinung entscheidenden Punkte — Datum und Gesellschaft — nicht hervorgehoben. Soweit dieser angebliche Mangel mich betreffen soll, ist der Vorwurf unbegründet.

die Pläne des Mainzers erst um die Zeit der Wahl eingeweiht worden und die Unterstützungen, von denen König Adolf redet, hätten sich auf Geldhülfe bezogen, wie er sie auch nachher dem Könige öfters zu Theil werden ließ. Die andere Möglichkeit wäre, wenn denn doch Eberhard im Auftrage eines der Kurfürsten zu Albrecht gekommen sein sollte, daß er im Dienste des Pfalzgrafen Ludwig eine Mission gehabt hätte, denn eine Urkunde Ludwigs rühmt seine Dienste und bezeichnet ihn als dessen Dienstmann[1]. Er hätte dann etwa jene Verhandlungen zwischen Albrecht und Ludwig über die Königswahl vermittelt, von welchen die Urkunden vom 25. März[2] und 13. April 1292 Zeugniß geben. Eine dritte Möglichkeit wäre die, daß Eberhard allerdings von dem Mainzer gesendet worden wäre, aber entweder nur, um ihn zu bestimmen, sich der Wahl Adolfs zu fügen, oder um auf Bewerbungen Albrechts eine nichtssagende Antwort zu bringen.

Daß der Erzbischof von Cöln nicht geneigt gewesen sei, Albrecht zu wählen, ist schon aus dem, was oben über ihn angeführt worden ist, zu vermuthen. Nun aber geht dies mit aller Gewißheit auch aus der von Ennen aufgefundenen Urkunde hervor. Denn schon vor der Wahl hatte der Erzbischof seinen Ver-

---

Denn eben aus dem Datum ist, wie oben der Text zeigt, mein Haupteinwand geschöpft. Und was die „Gesellschaft" betrifft, so ist dieser Punkt von mir zwar nicht in dem Sinne, wie Lorenz es gethan, aber in einer, wie ich glaube, zutreffenderen Weise geltend gemacht. Denn wenn Lorenz hervorhebt, mit Eberhard seien Albrecht von Hohenberg und andere Gegner des Mainzer Erzbischofs zu Friesach gewesen, und es sei nicht anzunehmen, daß Eberhard in solcher Gesellschaft mainzische Politik getrieben habe — so ist dieses Bedenken nicht sehr erheblich. Denn welcher Gesandte, der einen fremden Hof für eine entgegengesetzte Politik umstimmen soll, müßte nicht auf eine seiner Tendenz feindliche Umgebung des Fürsten rechnen? Gewichtiger schien mir, daß Eberhard sowohl am 15. Februar als am 20. März bei Albrecht sich befindet. Es schien mir dies mehr einen längeren Aufenthalt und Dienst bei Albrecht als eine Gesandtschaft anzudeuten.

1) consideratis meritis probitatis, quibus nobilis vir E. d. K. fidelis noster dilectus vigere non desinit, pensatisque placitis et acceptis obsequiis, que idem nobis hucusque impendere studuit etc. 1293. Wenck l. c. p. 58.

2) Diese Urk. ist zu St. Veit von Albrecht ausgestellt. Albrecht macht in derselben dem Pfalzgrafen für die Wahlstimme bedeutende Zusagen, unter anderm die der Bestätigung der donationes Chunradinae. Monum. boica IV, 510.

trag mit Adolf von Nassau abgeschlossen und dieser Vertrag vom 26. April setzt längere Unterhandlungen voraus. Ebenso darf mit Bestimmtheit angenommen werden, daß um dieselbe Zeit auch Gerhard von Mainz bereits mit Adolf unterhandelt habe, denn es ist kaum einem der Kurfürsten, am wenigsten einem Gerhard von Mainz zuzutrauen, daß er nicht schon vor der Wahl sich von Seiten seines Candidaten der Privilegien und Begünstigungen versichert haben sollte, die nach der Wahl ihm zu Theil wurden. So hatte ja auch Pfalzgraf Ludwig seine Verträge mit dem von ihm begünstigten Albrecht geschlossen. Aus den zur Zeit noch fehlenden Documenten läßt sich darum noch kein Schluß ziehen, daß nicht auch der Erzbischof von Mainz seine Verträge geschlossen habe, und aus dem Vorhandensein einer solchen Wahlcapitulation für Cöln folgt noch nicht, daß Sifrid von Cöln vor allem die Wahlfrage in die Hand genommen und Adolfs Wahl durchgesetzt habe. Hierin muß ich der Meinung von Lorenz gegen Ennen beitreten. Es ist allerdings nicht zu bezweifeln, daß Sifrid, wie Ottokar erzählt, auf Adolf zuerst aufmerksam gemacht und für ihn sich bemüht hat, denn die Worte Adolfs vom 22. Mai 1292: Cum venerabilis pater sancte Coloniensis ecclesie archiepiscopus nos primo et principaliter in regem Romanorum promoverit bestätigen es, aber eben so gewiß ist, daß erst, nachdem der mächtige Erzbischof von Mainz Adolf zu seinem Candidaten gemacht hatte, Aussicht bestand, daß dessen Ernennung durchgesetzt werde. Der Umfang der Concessionen, welche Adolf nachher dem Mainzer machte, sowie des Königs Aeußerung über ihn in einer Urkunde vom 5. Juli 1292 beweisen, welches Gewicht seine Stimme hatte und wie viel auf ihn ankam[1].

Aus der bisherigen Darlegung ergibt sich mit Gewißheit, daß von einer Aufforderung sämmtlicher Kurfürsten oder auch nur der Mehrzahl derselben an Albrecht nicht die Rede sein kann. Oder sollten die Kurfürsten den Herzog haben täuschen wollen, wie man wohl auch gemeint hat? Es läßt sich kein vernünftiger

---

1) Vergl. darüber auch Schliphake, Gesch. v. Nassau II, 336.

Grund dafür denken. Man muß nur nicht hinter jenen Chronikennachrichten zuviel suchen. Ottokar von Horneck, eine so wichtige Quelle er auch in mancher Beziehung ist, ist doch ein völlig unkritischer Erzähler. Kurz nachdem er gesagt, daß die Kurherren „alle sieben" an Albrecht die Aufforderung, das Reich zu übernehmen, hätten ergehen lassen, bringt er die oben erwähnte Erklärung Wenzels an den Boten Albrechts, mit der, wenn sie wahr ist, unmöglich die zuvor gegebene Notiz bestehen kann.

Ebensowenig legen die etwas jüngeren, Peter von Zittau, Verfasser der Königssaaler Chronik, und Johann von Victring, eine genauere Kenntniß der politischen Verhältnisse für diese Zeit an den Tag. Aus ihren Nachrichten geht nur soviel mit Sicherheit hervor, daß man in jener Zeit vielfach, in Oesterreich voran, behauptete, dem Herzog seien von den Kurfürsten in Bezug auf die Krone Versprechungen gemacht worden, und die Frage ist nur, wie diese Rede entstehen konnte. Die Antwort ist nahe liegend. Die stattliche Königsfahrt Albrechts, welche ein so fatales Ende hatte, brauchte eine Rechtfertigung, die ihn vor Spott möglichst sicherte. So gingen wohl von ihm und seiner Umgebung jene Nachrichten aus, wie sie die Chroniken bringen. An der schriftlichen Zusicherung des Pfalzgrafen Ludwig, sowie allenfalls an der des Erzbischofs von Trier, hatten derartige Lügen immer einen Kern von Wahrheit.

Wenn nun von dem guten Willen der Kurfürsten so wenig zu hoffen war, wie konnte dann Albrecht die Fahrt in die Nähe Frankfurts unternehmen? Für die Lösung dieser Frage scheint mir die gleichzeitige Nachricht der Wiener Fortsetzung der Göttweiher Annalen beachtenswerth: „Verführt von den Schwaben durch Briefe und förmliche Boten wurde Albrecht nach dem Rheine zu ziehen aufgefordert und gebeten."

Die Habsburger hatten, wo ihre Heimath war, im südwestlichen Deutschland, zahlreiche Herren in ihrem Dienst und auf ihrer Seite. Auch hatte Albrecht, wie vielfach berichtet wird, das Geld nicht gespart. Die öffentliche Meinung, wenn sie auch nur in einem Theile des Reiches mit Entschiedenheit sich aussprach, forderte doch auch von Seiten der Kurfürsten einige Beachtung. Fassen wir überhaupt seine Stellung in's Auge. Im Bunde mit Ungarn, Herr zweier Herzogthümer im südöstlichen Deutschland, Meinhards, des Herzogs von Kärnthen und Grafen von Tyrol, Ludwigs, des Herzogs von Oberbayern und Pfalzgrafen bei Rhein versichert, gestützt auf eine starke Partei in Schwaben und Elsaß, — so hat denn doch Albrecht neben jenem Bundesgenossen den größten Theil des südlichen Deutschlands auf seiner Seite. Er mochte hoffen, durch entschlossenes kriegerisches Auftreten, durch die Furcht vor einem Kampfe um die Krone die Stimmen der andern Kurfürsten doch noch zuletzt auf sich zu lenken. Am 28. April 1292 zog er mit großem Gefolge durch Gröningen in Schwaben[1] gegen Frankfurt, wo in den nächsten Tagen die Wahl stattfinden sollte.

Wir wenden uns nun zu der Wahl selbst. Sie fand am 5. Mai 1292[2] zu Frankfurt statt. Mit den Mährchen, die Ottokar erzählt, halten wir uns nicht auf. Ebensowenig mit den Nachrichten der übrigen Chroniken. Man findet sie zusammengestellt und besprochen bei Droysen[3]. Für unsern Zweck genügt es, hervorzuheben, daß das, was wir urkundlich von der Wahl wissen, in Harmonie steht mit dem, was wir über die Stellung der Kurfürsten bisher gesagt haben. Die böhmische Gesandtschaft, an deren Spitze Bernhard, der Propst von Meißen, stand, übertrug die Stimme ihres Königs an Gerhard von Mainz[4]. Aus der Natur der unmittelbar nach der Wahl an Böhmen ausgestellten Urkunden geht hervor, daß auch von Seite Böhmens schon vorher mit Adolf von Nassau verhandelt worden war, und daß also die böhmischen Gesandten über die Wahl Adolfs durch den Erzbischof von Mainz nicht können überrascht worden sein. Sachsen und Brandenburg mußten in Folge der Verträge mit König Wenzel nun auch für Adolf stimmen. Die Stimme Cölns war

---

1) Ann. Sindelfingenses ap. Pertz Mon. XVII, 307.
2) cf. Böhmer Regg. Adolf S. 196.
3) a. a. O. S. 17 ff.
4) Urk. des Erzbisch. v. Mainz 1292. Mai 10. Frankfurt, bei Sommersberg l. c. I, 946 n. 42.

gleichfalls dem Grafen gesichert. Zweifelhaft ist das Verhalten des Pfalzgrafen Ludwig und des Erzbischofs von Trier. Pfalzgraf Ludwig hatte sich in der schon erwähnten Urkunde vom 13. April 1292 eidlich verpflichtet, seine Stimme für Herzog Albrecht abzugeben. In Uebereinstimmung damit berichtet die Chronik von Fürstenfeld [1], Ludwig habe für Albrecht gestimmt. Die meisten übrigen Chroniken dagegen reden von einer einstimmigen Wahl Adolfs, entweder so, daß ihn der Erzbischof von Mainz, nachdem er alle übrigen Wahlstimmen sich hatte übertragen lassen, gewählt habe, oder so, daß sie nur im Allgemeinen sagen, Adolf sei einmüthig gewählt worden [2]. Und in der That scheint der Umstand, daß Adolf wenige Tage nach der Wahl dem Pfalzgrafen sowie dem Erzbischof von Trier bedeutende Entschädigungen für die bei der Wahl gehabten Kosten verspricht [3], darauf hinzudeuten, daß er auch von ihnen gewählt worden sei. Allein mit Sicherheit läßt sich dies doch nicht schließen. Beide können in der ersten Umfrage immer für Albrecht gestimmt, und dann, als durch das Uebergewicht von fünf Stimmen die Wahl Adolfs entschieden war, nun auch ihrerseits ihre Einwilligung zu dessen Wahl gegeben haben. Bei der drohenden Haltung Albrechts mußte dem neugewählten König an dieser nachträglichen Einwilligung viel liegen, und so würden dann die Vergünstigungen an beide und die Nachrichten von einer einstimmigen Wahl auch bei der letzteren Annahme erklärlich sein.

So war denn Albrecht da, wo die rechtliche Entscheidung lag, unterlegen. Ob er sich dem siegreichen Nebenbuhler beugen, ob er einen Anlaß zum Kampfe mit ihm suchen werde, darauf war nun wohl die Erwartung Vieler gerichtet.

Verfolgen wir seinen Weg. Acht Tage vor der Wahl zog er, wie wir sahen, durch Gröningen nach Frankfurt. Als er in Wein-

---

1) Monachi Fürstenf. Chron. de gest. principum ap. Böhmer fontes I, 17.
2) In der ersteren Art außer Ottokar die Königssaaler Chronik, die Annal. Oesterhovenses, in der letzteren Art Joh. von Victring, die Contin. Vindob. der österr. Annalen, Ellenhardi Argent. Ann.
3) Böhmer, Regg. Adolf nn. 4—6.

heim oder Oppenheim[1] die Kunde von der Wahl Adolfs vernommen, wendete er sich südwärts, um durch das Elsaß nach der Schweiz zu ziehen. Am 14. Mai kam er mit 1500 Reitern in Colmar an[2], am 31. Mai ist er zu Luzern am Vierwaldstättersee[3].

Für's erste mußten die Gedanken an einen Krieg mit Adolf wohl zurücktreten, denn in seinen eigenen schweizerischen Besitzungen war er damals von benachbarten Feinden angefallen. Es scheint ein Zusammenhang zwischen dieser Fehde und dem steyrisch-salzburgischen Kriege. Wenigstens sagt Ottokar[4], der Salzburger habe dem Herzog auch diese Fehde erregt. Der Bischof von Constanz, der Abt von St. Gallen, die Stadt Zürich, mehrere vom Adel waren in seine Gebiete eingedrungen. Aber siegreich griff nun Albrecht ein. Bis zu Ende des August ist der Kampf zu seinen Gunsten beendet.

Mit welchen Absichten sich Albrecht um diese Zeit trug, ist nie klar hervorgetreten. Wir können nur aus den Thatsachen schließen. Aus der Nähe Frankfurts war Albrecht hinweggezogen, ohne den neuen König zu begrüßen. Während Adolf zu Aachen gekrönt wird und die Huldigung der Fürsten empfängt, schlägt er sich mit seinen Feinden in der Schweiz. Nach der Herstellung des Friedens verweilt er daselbst noch über zwei Monate. Bedeutsam für diese Zeit ist eine Stelle in dem Friedenstractate, den er am 29. August mit den Zürichern zu Winterthur schließt. „Wenn ein Theil" heißt es daselbst, „des römischen Königs Feind würde, könne der andere ihm zu Hülfe ziehen".[5] Die Züricher erwägen also die Möglichkeit, daß Albrecht mit dem König in Krieg gerathe, und Albrecht bestreitet diese Möglichkeit nicht. Ob Albrecht an einen

---

1) Ottokar „Beintshaim"; Dorf Weinheim, nicht weit von Oppenheim. Nach Alb. Argent. Oppenheim.
2) Ann. Colm. maj. l. c. 219.
3) Urk. b. Lichnowsky Herz. Albr. nn. 13 u. 14.
4) Cap. 547.
5) Urk. in Herrgott Geneal. dipl. gent. Habsburg. II, 2, 549: Es behaltend ihnen beide theil vor in disem friden den Römischen Künig, und so entwederer theyl des Römischen Künigs feyend wurde, soll der ander theil macht und gewalt haben, dem Künig zu zeuhen.

Angriff oder nur an Vertheidigung denkt? an letztere, falls etwa der König um Wenzels willen die Belehnung mit Oesterreich und Steyermark verweigern sollte? Wir werden sagen dürfen, daß er auch dem ersteren Gedanken nicht so ferne stand, falls nur eine Gelegenheit, ihn auszuführen, sich gezeigt hätte.

Der drohenden Haltung Albrechts entspricht nun auch das Verhalten des Königs. Er versah sich eines feindlichen Vorgehens von Seiten des Herzogs. Der Landvogt des Elsaß bestätigt den Schultheiß von Colmar, Walter Rösselmann, nur, nachdem er Bürgschaft empfangen, daß derselbe die Stadt keinem andern als dem König Adolf übergeben werde[1]. In Schwaben entfernte Adolf sofort die Anhänger des Habsburgers aus den Reichs= ämtern. So verlor noch im Jahre 1292 Albrecht von Hohenberg, Herzog Albrechts Oheim, die Landvogtei in Niederschwaben, und Adolf gab sie seinem Verwandten Heinrich von Isenburg[2]. Eine andere Vogtei auf der rechten Seite des Mittelrheins erhielt Adolfs Oheim Eberhard von Katzenelnbogen[3].

Sehr bald nach der Wahl schon wird Adolf Boten an Albrecht entsendet haben mit der Aufforderung, die Reichskleinodien, die von König Rudolf her auf der Kiburg bewahrt wurden, aus= zuliefern[4]. Und ebenso erging ohne Zweifel an Albrecht die Auf= forderung, die Lehen seines Hauses aus der Hand des Königs zu empfangen. Ob weitere Verhandlungen stattgefunden haben, wissen wir nicht. Albrecht mußte sich endlich entscheiden: er ent= schied sich für vorläufige Unterwerfung. Es war dies auch nach der Lage der Dinge das klügste was er thun konnte. Die Kur= fürsten waren sämmtlich auf Adolfs Seite; unter ihnen trachtete der von Böhmen nach seinen Herzogthümern, und eben dort war in dem einen Herzogthum die Flamme des Aufruhrs kaum er= loschen, in dem andern, wie sich zeigen wird, leicht hervorzurufen. Dazu waren immer noch Konrad von Salzburg und Otto von

---

1) Chron. Colm. Pertz Mon. XVII, 257.
2) Stälin, Wirtemberg. Geschichte III, 80.
3) Chr. Colm. l. c.
4) Joh. Vict. l. c. 321.

Niederbayern wider ihn in den Waffen und ferne von Gedanken des Friedens. Erst vor kurzem hatte Konrad ein Schutz- und Trutzbündniß wider Albrecht auch mit dem Patriarchen von Aquileja geschlossen[1].

So beugte sich denn Albrecht. Im Anfang des December traf er mit Adolf, der von Cöln den Rhein heraufgezogen kam, zu Hagenau[2] zusammen. Es lag ihm daran, seine Macht zu zeigen. Mit großem Gefolge war er gekommen. Aber er lieferte die Reichskleinodien aus, er empfing vom Könige die Belehnung und schwur ihm Treue.

Johann von Victring erwähnt, Adolf habe von Albrecht und Meinhard von Kärnthen eine übermäßige Geldsumme für die Belehnung erhoben; die Chronik von Osterhoven, Albrecht sei nach der Belehnung traurig von dannen gezogen. Wir bringen mit diesen Nachrichten in Zusammenhalt, daß die am Schlusse mitzutheilende Urkunde Adolfs vom 30. Juni 1292 dem Könige Wenzel einen königlichen Spruch in Betreff der Herzogthümer Oesterreich, Steyermark und Kärnthen in Aussicht stellt. Es ist nicht unwahrscheinlich, daß Adolf dem stolzen Herzog gegenüber sich ziemlich spröde gezeigt und daß er die Belehnung mit den Herzogthümern nur unter Vorbehalt der Rechte Dritter ertheilt habe.

Als Albrecht vom Könige geschieden war, setzte er es sich zur Aufgabe, die alten Feinde zu versöhnen, neue Freunde zu gewinnen. Am 18. oder 25. Januar 1293 kam er, vielleicht durch Tyrol, nach Judenburg in Steyermark[3]. Hier hatte sich Hartneid von Wildon noch nicht unterworfen. Er und Graf Ulrich von Heunburg, der sich der Burg Griffen in Kärnthen bemächtigt

---

1) Bianchi Utinensis Documenta hist. focojul. sc. XIII im Arch. f. Kunde österr. Geschichtsquellen XXVI, 242. Urk. v. 12. Aug. 1292.

2) Die Sindelfinger Annalen geben Hagenau an, Ottokar Oppenheim. Erstere sagen, es sei nach St. Andreastag, also nach dem 30. Nov. gewesen. Um diese Zeit aber ist Adolf nach den Urkunden bereits zu Hagenau. Also fällt Ottokars Nachricht dahin. Aber auch Böhmer ist hier unrichtig, der die Zusammenkunft in die letzten Tage des November setzt.

3) Ottokar Reimchronik Cap. 552.

hatte, verheerten in Verbindung mit den Fürsten von Nieder=
bayern, von Salzburg und Aquileja die Länder Meinhards und
Albrechts. Aber schon am 17. Februar 1293 ergab sich der Heun=
burger an Herzog Albrecht ¹, ebenso erfolgte die Unterwerfung
Hartneids von Wildon, und am 24. Mai 1293 kam auch der
Friede mit Salzburg und Bayern zu Stande. Der Bischof von
Regensburg und Pfalzgraf Ludwig sind die Vermittler dieses
Friedens, dessen Bedingungen für Albrecht nicht gerade günstig
sind. Zwar hebt Konrad von Salzburg alle kirchlichen Strafur=
theile gegen Albrecht und Meinhard auf; aber Albrecht begibt sich
seiner Ansprüche auf Radstatt auf drei Jahre und des Salzsiedens
in der Gossau auf ein Jahr. Dem Erzbischof werden die Stra=
ßen (vermuthlich der freie Verkehr für den Salzhandel nach
Oesterreich) wieder geöffnet ².

Wir erwähnen diese Bedingungen, weil wir auf sie zurück=
kommen müssen, und weil sie zeigen, was es sich Albrecht kosten
ließ, eine freiere und mächtigere Stellung zu gewinnen. Aber
dies waren nicht die einzigen Opfer, welche Albrecht seinem Zwecke
brachte. Er entschloß sich auch zu dem für ihn schweren Schritt,
seinen Schwager Wenzel in Prag aufzusuchen. Nicht ohne De=
müthigung konnte diese Zusammenkunft, von der wir ohne weitere
Nachrichten sind, für Albrecht sein; aber sie versprach ihm die
Aenderung eines Verhältnisses anzubahnen, das seinem Ehrgeize
bisher unter allen am meisten verderblich gewesen war. Es er=
scheint wie ein Triumph, daß Albrecht im December des Jahres
1293 seine alten Gegner, den König von Böhmen sowie den Erz=
bischof von Salzburg mit vielen andern Fürsten und Herren bei
sich zu Wien versammelt sah³. Glänzende Festlichkeiten dienten

---

1) Urk. bei Lichnowsky Diplom. p. 281.
2) Lichnowsky Diplom. 282.
3) Die Nachricht der Cont. Vindob. sowie der Ann. Heimburgs (Pertz
mon. XVII, 718) wird urkundl. bestätigt durch einen Brief Meinhards von
Kärnth. (Doc. hist. foroj. l. c. 33), der einen Detalmum de Villalta auf=
fordert, zu dem großen Feste (tanta solennitas) zu kommen. Wenzel urkundet
zu Wien am 10. Dec. 1293 (Boczek Cod. diplom. et epist. Moraviae IV,
411) Konrad von Salzburg am 21. Dec. (Fontes rer. Austriac. II, 1. 260).

dazu, die Stellung, welche Albrecht gewonnen hatte, weithin zu verkünden.

König Adolf ließ den Herzog während des Jahres 1293 nicht aus den Augen, mit Mißtrauen verfolgte er seine Schritte, und er hatte Ursache dazu.

Wir bemerkten oben, daß Albrecht in Schwaben und Elsaß eine starke Partei gehabt habe. In Colmar war der Schultheiß von dem Landvogt angehalten worden, Bürgschaft seiner Treue gegen König Adolf zu geben. Aber Walter Rösselmann hielt sein Versprechen nicht. Er übergab heimlich die Stadt an Anselm von Rappoltstein, einen Anhänger des Hauses Habsburg. Der Bischof von Straßburg, Konrad von Lichtenberg, Graf Johann von Werth sind mit demselben im Bunde [1]. Welche Bedeutung der König dieser Sache beimaß, geht aus dem Aufgebote der Mittel hervor, durch welche er den Aufstand niederzuschlagen suchte. Die Erzbischöfe von Cöln und Mainz, die Bischöfe von Speyer und Basel, der Graf von Pfirt waren mit ihren Truppen dem Könige zugezogen. Ueber zwei Monate, bis in den November 1293, dauerte es, bis der Aufstand besiegt war [2]. Die Chronik von Colmar erzählt, auch Albrecht von Oesterreich sei vom Könige zur Hülfeleistung aufgefordert worden, habe aber eine höhnende Antwort gegeben [3]. Sie scheint vorauszusetzen, daß Albrecht sich noch in der Schweiz aufgehalten habe. Aber Albrecht befand sich damals in Oesterreich. Ich bezweifle die Nachricht, aber sie dient in Verbindung mit andern Thatsachen dazu, zu zeigen, in welchem Lichte diese Kämpfe den Zeitgenossen erschienen. Johann von Victring sagt es geradezu, die Bundesgenossen des Anselm von Rappoltstein hätten dem König wegen Herzog Albrechts widerstanden [4]. Daß der Widerstand eine derartige Bedeutung gehabt

---

1) Chron. Colm. l. c. 258. sqq.
2) cf. Böhmer Regg. Adolf nn. 164—166.
3) Dux Austriae in auxilium a rege vocatus, respondit: Si principes in obsidione defecerint, mihi significate, et ego veniens obsidebo quamcumque volueritis civitatem.
4) qui propter Albertum ducem aliqualiter obstiterunt.

habe, scheint durch die Thatsache bestätigt zu werden, daß nun auch Otto von Ochsenstein, ein naher Verwandter Albrechts, die Landvogtei im Elsaß verlor. Adolf übertrug sie dem Nassauer Gottfried von Merenberg[1].

König Adolf, wenn er einerseits der zweideutigen Haltung Albrechts gegenüber sich sicherstellen, anderseits nicht ein willenloses Werkzeug der Kurfürsten sein wollte, mußte für sein Königthum eine stärkere Grundlage haben, als er besaß. Es waren harte, zum Theil demüthigende Bedingungen, unter denen er König geworden war. Wir gedenken hier nur jener, welche zum Verständniß späterer Ereignisse dienen. Neben bedeutenden Geldversprechungen und andern Concessionen[2] war dem Erzbischof Gerhard von Mainz das Reichsvicariat in Thüringen zugesprochen worden[3]; auch hatte sich Adolf, wie wir sahen, verpflichtet, weder Ulrich von Hanau noch Heinrich von Klingenberg, die Feinde des Erzstifts, zu begünstigen. Gegen Wenzel von Böhmen hatte er sich nicht nur zu einem günstigen Schiedsspruch wegen der Herzogthümer, die Albrecht und Meinhard inne hatten, sondern auch zu dem Versprechen verpflichten müssen, die Mark Meissen nicht zu vergeben, ohne Wenzel zum Erweis seiner Rechte vorher zugelassen zu haben[4].

Unter diesen Versprechungen ist es die letzte, an die wir anzuknüpfen haben. Von der Landgrafschaft Thüringen aus lagen in östlicher Richtung hintereinander das Osterland, das Pleißner Land, die Markgrafschaft Meissen und die Lausitz. Sämmtliche fünf Länder waren im Besitze der Familie Heinrichs des Erlauchten[5]. Thüringen hatte dessen ältester Sohn Albrecht der Entartete, das Osterland erst der jüngere Sohn Dietrich und nach Dietrichs Tode dessen Sohn Friedrich Tuta inne. Eben dieser

---

1) cf. Urk. v. Juni 1294 im Archiv f. Kunde österr. Geschichtsquellen VI, 31.
2) Die Urkunden bei Würdtwein l. c. I, nn. 11 sqq. Guden Codex diplom. nn. 408. 410 u. Böhmer Regg.
3) S. d. Urk. II am Schlusse dieser Abhandlung.
4) S. d. Urk. I am Schlusse dieser Abhandlung.
5) Vgl. zum ff. Weiße, Geschichte der chursächs. Staaten II, 5 ff.

Friedrich Tuta erbte nach seines Großvaters Tode die Lausitz und mit seinem Oheim Albrecht dem Entarteten die Markgrafschaft Meissen. Er brachte die letztere durch Geldzahlungen an seinen Miterben später völlig in seinen Besitz. Als er am 16. Aug. 1291 starb, wurde die Hinterlassenschaft Tutas der Anlaß zu einer Reihe folgenreicher Kämpfe. Albrecht der Entartete hatte zwei Söhne, die ihm Kaiser Friedrichs II. Tochter, die unglückliche Margaretha, geboren hatte: Friedrich mit der gebissenen Wange und Diezmann. Sie lebten in Feindschaft mit ihrem Vater, der ihre Mutter gegen eine Buhlerin zurückgesetzt hatte, und der letzteren Sohn zu ihrem Schaden begünstigte. Die letzten Streitigkeiten, welche die Söhne mit dem Vater gehabt hatten, waren durch König Rudolf beigelegt worden. Nun brach ein neuer Kampf wegen der Erbschaft Tutas aus. Nach dem gewöhnlichen Erbrechte wäre der Vater seinen Söhnen vorgegangen, aber Albrechts Söhne nahmen sofort die Markgrafschaft Meissen und das Osterland in Besitz — die Lausitz war schon früher an Diezmann abgetreten worden. Sie beriefen sich hiefür auf eine Anordnung Friedrich Tutas. Albrecht der Entartete dagegen wendete sich an König Adolf und verkaufte sein Recht an die Markgrafschaft Meissen an diesen[1]. Dieser Kauf geschah wahrscheinlich in den ersten

---

1) Gegen die gewöhnliche Annahme, daß Adolf die Landgrafschaft Thüringen von Albrecht gekauft habe, oder Thüringen und Meissen, wie auch Weiße annimmt, hat sich Böhmer erklärt; aber die beiden Hauptgründe, die er dagegen anführt: die geringe Kaufsumme von 12000 Mark und der (angebliche) Widerspruch der Urkunden, sind nicht überzeugend. Denn 1. scheint die Angabe „der 12000 Mark", von welcher das Chronic. Sampetrinum ap. Menckeu 3, 303 redet, ein späterer Eintrag zu sein. Die Handschrift, welche den Annal. Reinhardsbrunn zu Grunde liegt, hat dafür: Rex Adolfus ad terras Thuringie receptandas, quas a seniore Thuringie lantgravio promissis ut ajunt eidem nescio quot marcarum milibus coemerat cf. Wegele Ann. R 270, ein Umstand, auf welchen Grünhagen in seinen Ergänzungen zum Chron. Sampetr., Zeitschrift des Vereins für thüringische Geschichte ꝛc. III, 98 aufmerksam macht; 2. könnte immerhin Albrecht der Entartete Thüringen sich auf Lebenszeit vorbehalten haben, wonach also jene Urkunden, welche die fortgesetzte Ausübung von landeshoheitlichen Rechten durch Albrecht documentiren, keinen Widerspruch enthielten. Für unsern Zweck ist es nicht nöthig, auf die Frage, ob auch Thüringen mitverkauft worden sei, näher einzugehen. Nur das sei hier bemerkt, daß wenigstens nicht vor dem 28. September 1293 die Landgrafschaft an den König kann verkauft

Monaten des Jahres 1293, wenn nicht schon im Jahre 1292. So eröffnete sich für den König die Aussicht auf Gründung einer eigenen nicht unbedeutenden Macht. Denn eines der fünf genannten Länder, das Pleißner Land, das die Familie Heinrichs des Erlauchten nur pfandweise besessen hatte, war schon durch König Rudolf wieder für das Reich eingelöst worden. Sodann waren auch die übrigen Länder der Söhne Albrechts des Entarteten außer Meißen, sowie ihre Erbansprüche auf Thüringen dem Reiche verfallen, nachdem sie es verweigert hatten, die streitigen Länder herauszugeben und König Adolf sie deshalb als Feinde des Reiches erklärt hatte. Nach zwei Feldzügen (1294—1295 September bis Januar und 1295—1296 August bis Mai) hatte sich Adolf der Markgrafschaft Meißen bemächtigt.

Aber auch auf weitere Stützpunkte für sein königliches Ansehen war Adolfs Augenmerk gerichtet. Es gelang ihm, mit den beiden mächtigsten der weltlichen Kurfürsten in verwandtschaftliche Ver-

---

worden sein. Denn von diesem Tage liegt eine Urkunde vor, nach welcher sich Diezmann gegen seinen Vater unter anderm zur Zahlung von 15,000 Mark verpflichtet, Albrecht der Entartete dagegen die Zusage gibt, „seinen Sohn künftighin nicht an seinem Fürstenthum zu enterben, auch von seinen Vesten keine zu verkaufen, noch zu verleihen, noch zu vergeben :c. Auch solle sein Fürstenthum mit allem, was er jetzt habe oder noch erlange, auf den Sohn fallen und übergehen mit allen Rechten und Ehren, und nicht auf dessen Bruder Friedrich." So die Urkunde nach dem Referate bei Michelsen, die Landgrafschaft Thüringen unter den Königen Adolf, Albrecht und Heinrich VII. Jena 1860. S. 3 ff. Nach dieser Urkunde besteht also um diese Zeit Feindschaft zwischen dem Vater und seinem älteren Sohne Friedrich. Dieser Friedrich aber war nach dem Tode seines Vetters Friedrich Tuta in den Besitz der Markgrafschaft Meißen eingetreten, während der jüngere Diezmann zu der Lausitz, die er schon besaß, noch das Osterland erhalten hatte. Nun lesen wir in einer Schuldverschreibung, welche Albrecht von Thüringen am 23. April 1293 zu Nürnberg dem Ulrich von Hanau ausstellt, daß letzterer bezahlt werden soll de summa peccuniae a Serenissimo domino nostro Adolfo rege Romanorum in ipsis terminis nobis danda (die Urkunde bei Wagner Schediasma II. de vita Adolfi pag. 40). Albrecht der Entartete und Adolf haben also im April 1293 einen Handel bereits geschlossen, und zwar ohne Frage einen Handel um eines der Länder, als deren rechtmäßigen Besitzer sich Albrecht ansah. Da nun fünf Monate später Albrecht noch über Thüringen verfügt, welches andere Land könnte da verkauft worden sein, als Meißen? Hiermit stimmen nun auch die Ann. Votero-Cellenses (ap. Mencken II, 408), welche von einem Verkauf der Mark Meißen an Adolf sprechen. Ob Albrecht auch noch Thüringen verkauft habe, lassen wir dahingestellt. Wir finden wenigstens auch den jüngeren Diezmann später im Kampfe gegen Adolf.

hältnisse zu treten. Schon bei seiner Wahl schloß er einen Vertrag mit dem Könige von Böhmen, durch den sein Sohn Ruprecht mit Wenzels Tochter Agnes verlobt wurde[1]. Und als am 3. Februar 1294 Pfalzgraf Ludwig der Strenge, der eifrige Freund Albrechts, gestorben war, nur wenige Wochen nachher, verlobte er seine Tochter Mechthildis mit Ludwigs Sohn und Nachfolger Rudolf[2]. Unmittelbar vor Adolfs erstem Einbruch in Thüringen im September 1294 wurde zu Nürnberg die Vermählung gefeiert. Ein enges Schutz- und Trutzbündniß kettete Rudolf seit seiner Verlobung an den königlichen Schwiegervater[3], und dieses Verhältniß hatte sofort zur Folge, daß auch die bisherigen Feinde Oesterreichs, Konrad von Salzburg und Otto von Niederbayern, in engere Verbindung mit Rudolf traten.

Noch ehe jene Vermählung der Tochter Adolfs mit dem Pfalzgrafen stattfand, war auch mit einem auswärtigen Fürsten ein Schutz- und Trutzbündniß geschlossen worden, von welchem sich Adolf für das Reich sowie für seine persönlichen Interessen große Vortheile versprechen mochte. König Eduard I. von England gewann ihn zu seinem Bundesgenossen in dem Kriege, den er mit Philipp IV. dem Schönen von Frankreich führte. Schon König Rudolf hatte die Beeinträchtigungen an Rechten und Besitzungen, welche das Reich durch Frankreich im Bisthum Verdun erlitten hatte, durch besondere Commissäre in den Jahren 1288 und 1289 feststellen lassen[4]. Der greise König kam nicht mehr dazu, dem französischen Könige den angemaßten Besitz zu entreißen. Ob König Adolf weitere triftige Gründe zur Klage gegen Frankreich erhalten, ob er seine Klage schon vor dem Bunde mit England am französischen Hofe geltend gemacht habe, ist ungewiß. Am 10. August 1294 wurde das Bündniß mit England abgeschlossen[5]

---

1) S. Urk. 1292. Mai 11 Frankenfurt, bei Ludewig Reliqu. V. 434.
2) Urk. 1294 März 19 Ulm. Oetele SS. rer. boic. II, 135.
3) Urk. von demf. Dat. wie die vorige. Quell. u. Erörter. z. b. u. d. Gesch. VI, 36 ff.
4) Böhm. Regg. Rudolf n. 957 u. 1002.
5) Böhmer Regg. Reichssachen n. 178.

und am 31. August erfolgte die Kriegserklärung gegen Frankreich[1]. Die Angaben über die Summe, um welche Adolf von dem englischen König für den Krieg gewonnen wurde, schwanken zwischen 30000 und 100000 Mark Silber oder auch 100000 Pfund Sterling. Der König hatte dadurch die Mittel, ein stärkeres Heer in's Feld zu stellen, und mancher Schulden, wie etwa jener gegen Albrecht von Thüringen, sich zu entledigen. So diente ihm der Bund mit England auch für seine Zwecke innerhalb des Reichs.

Vergleicht man die Stellung, welche König Adolf in den Jahren 1294 und 1295 einnimmt, mit jener im Anfange seiner Regierung, so ist kein Zweifel, daß sie eine ungleich freiere und mächtigere geworden ist. Wie ferne schien Albrecht von Oesterreich von der Erfüllung seiner Hoffnungen, wenn er diese von der Ohnmacht Adolfs abhängig gemacht hatte. Dagegen war Albrecht selbst damals nahe daran, seine bisher behauptete Stellung völlig einzubüßen. Es ist nöthig, uns ihm wieder zuzuwenden.

Der Friede zwischen Albrecht von Oesterreich und Konrad von Salzburg war von kurzer Dauer. Im Mai 1294 ist bereits wieder von Vermittelungsversuchen zwischen beiden die Rede[2]. Wir erinnern uns, daß im Frieden vom 24. Mai 1293 Albrecht versprochen hatte, sich auf ein Jahr des Salzsiedens in der Gossau zu enthalten. Dieses Jahr war nahezu abgelaufen. Nun erzählt Ottokar[3], Albrecht habe den auf der Gränze liegenden Salzberg auf österreichischer Seite angebaut, der Erzbischof aber habe sofort Klage erhoben, weil dadurch sein eigenes Salzwerk Schaden leide. Offenbar wollte Albrecht, um nach Ablauf der festgesetzten Frist nicht in neue Streitigkeiten wegen des Salzsiedens in der Gossau zu gerathen, den Ausfall in seinen Finanzen durch jene neue Anlage decken.

Zu diesem neuen Streite mit Salzburg, der, wie wir sehen werden, für die Entwicklung des Verhältnisses zu König Adolf

---

1) Urk. dat. ap. Nuremberg bei Perz Mon. IV, 461.
2) Urk. 1291 Mai 14. Regg. bei Lichnowsky n. 45.
3) a. a. O. Cap. 633.

für Albrecht von Bedeutung wurde, kam sehr bald ein weiteres, für unsere Frage nicht minder wichtiges Ereigniß, die Erhebung des österreichischen Adels gegen Albrecht. Aehnliche Klagen, wie sie der steyerische Adel erhoben, wurden auch hier laut. Dazu kam hier insbesondere noch der Unwille über die Begünstigungen und den Einfluß, welchen Albrecht seinen schwäbischen Rittern in Oesterreich gewährte. Zu Stockerau, zu Trübensee hielt der Adel Zusammenkünfte, formulirte seine Beschwerden, sandte Boten an den Herzog und zu gleicher Zeit an den König von Böhmen.

Um zu erkennen, ob diese Ereignisse Einfluß auf die Schritte Albrechts in der großen Angelegenheit zwischen ihm und König Adolf gehabt, ist es nöthig, die Zeit, in die sie fallen, näher zu bestimmen. Die neueren Bearbeiter dieser Geschichte, Kurz und Lichnowsky, von denen der letztere ohnehin vielfach kritiklos zu Werke geht, setzen die Tage von Stockerau und Trübensee fälschlich in die letzte Zeit des Jahres 1295. Ottokar ist die Hauptquelle für die Geschichte dieses Aufstandes. Versuchen wir zuerst aus der Folge der Thatsachen bei ihm einen Schluß auf die Zeit der beiden genannten Convente. Nach Ottokar starb Meinhard von Kärnthen am 1. November 1295 zu Greisenberg in Kärnthen, wohin er von Gräz in Steyermark aus gekommen war. Zu Gräz hatte er der Hochzeit beigewohnt, welche der Markgraf Hermann von Brandenburg mit Albrechts von Oesterreich Tochter feierte. Da er nach derselben noch die Herrschaft Krain besucht hatte, so kann jene Hochzeit nicht wohl später als um den Anfang des October gewesen sein. Zu Gräz hatte Meinhard von Albrecht erfahren, daß der österreichische Adel mit seinem Hülfegesuch bei König Wenzel nicht durchgedrungen sei. Der Adel kann also dieses Hülfegesuch nicht wohl später als um den Anfang des September in Prag gestellt haben. Nun stellte der Adel dieses Gesuch bei Wenzel auf die Kunde, daß schwäbische Ritter in großer Anzahl dem Herzog von Oesterreich zu Hülfe zögen. Diese letztere Thatsache würde also bis in die Anfänge des August zurückgesetzt werden müssen. Die Hülfe aus Schwaben aufzubringen war Albrecht von Hohenberg, des Herzogs Oheim,

ausgesendet werden. Da derselbe nach Ottokar mit vielen dieser
Ritter erst Dienstverträge abschließt, und aller Wahrscheinlichkeit
nach auch diese Herren an verschiedenen Orten hat aufsuchen
müssen, so muß man jedenfalls die Reise des Albrecht von Hohen=
berg nach Schwaben bis in das Frühjahr zurückverlegen. Hier
kommt uns nun eine urkundliche Nachricht zu Hülfe, nach welcher
Herzog Albrecht am 6. März 1295 Bevollmächtigte zum Abschluß
eines Heirathsvertrags an den König von Frankreich absendet[1].
Wie wir später nachweisen werden, ist unter diesen Bevollmäch=
tigten Albrecht von Hohenberg. Da es der Zeit nach nicht wohl
möglich ist, daß er erst nach seiner Rückkehr von Frankreich die
Werbungsreise nach Schwaben angetreten hat, so müssen wir an=
nehmen, daß er sich dieses Geschäftes auf der Hin= und Rückreise
nach Frankreich entledigte, und daß er bei seiner Heimkehr den
Zuzug aus Schwaben gleich mitgeführt habe. Daß er die Schwa=
ben herbeigeführt, sagt auch Ottokar. Nun sendet derselben
Quelle zufolge Albrecht seinen Oheim nach Schwaben, als der
verbündete Adel seine Forderungen an ihn stellte, also um die
Zeit der Tage von Stockerau und Trübensee. Diese Versamm=
lungen fallen mithin in die Zeit um den 6. März 1295. Da
nun einer der verbündeten Ritter, und zwar, wie es scheint, der
eigentliche Leiter der Bewegung, Leutold von Kunring, am 12.
März noch zu Wien eine Urkunde mit ausstellen hilft[2], so kann
der Tag von Trübensee nicht viel früher gewesen sein, denn sehr
bald nach demselben sagt Herzog Albrecht den Verbündeten Fehde
an, wonach jener Ritter nicht wohl mehr nach Wien gekommen
sein kann. Vielleicht war er der Bote, den die zu Trübensee Ver=
sammelten an Herzog Albrecht schickten, und sein Auftrag der
Anlaß seiner Anwesenheit in Wien. Da der Tag von Stockerau
dem von Trübensee nach der dazwischen liegenden Thatsache, einer
Botschaft des Adels an Wenzel in Prag, mindestens um vier
Wochen vorausgegangen sein muß, so werden wir also nicht weit

---

1) Böhmer Regg. Reichssachen n. 186.
2) Chmel Urk. zur Geschichte v. Oesterr. xc. in Fontes rer. Austr. II, I,
265 squ.

irre gehen, wenn wir die Tage von Stockerau und Trübensee ersteren in den Anfang des Februar, letzteren in den Anfang des März setzen.

Nun rufen wir uns in Erinnerung, daß sich der Erzbischof von Salzburg schon um jene Zeit, da sich der Adel von Oesterreich erhebt, mit seinen Klagen gegen Albrecht an König Adolf gewendet hat, und bald erfolgt denn auch von Seiten Adolfs ein Verbot, mit dem Anbau des Salzwerks fortzufahren. So wenigstens nach Ottokar, denn er stellt dies Verbot vor die Gesandtschaft nach Paris. An dem Verbote des Salzsiedens ist nicht zu zweifeln, wenn man die Urkunden, welche König Adolf dem Erzbischof im März und April in Aussicht stellt, in Betracht zieht. Sie machen den Eindruck, daß der König ihm keinen Wunsch werde versagt haben, der gegen Albrecht gerichtet war. Am 18. März 1295 erlaubt Adolf dem Erzbischof unmittelbar an der steyerischen Gränze an der Mandling bei Radstatt eine Veste zu bauen. Er bedroht mit seiner königlichen Ungnade jeden, der dies wehren wolle[1]. Am 21. März bestätigt der König dem Erzbischof die Gesetze Friedrichs II. vom Jahre 1220, nach welchen jeder, der kirchliche Güter angreift, sowie jeder, der ein Jahr lang im Banne der Kirche ist, der Acht des Reiches verfällt[2]. Am 27. April erläßt der König auf Wunsch des Erzbischofs einen Spruch, welcher jeden mit Ungnade bedroht, der den freien Handelsverkehr auf den königlichen und öffentlichen Straßen hemme[3]. Es bezieht sich das offenbar auf eine Sperre des Salzhandels, die Albrecht gegen den Erzbischof verfügt hatte.

So mag also wohl der Streit des Herzogs mit Salzburg und des Königs feindliche Stellung in dieser Sache für den österreichischen Adel Anlaß gewesen sein, seinen längst genährten Unwillen in bestimmten Forderungen und Drohungen vor Albrecht laut werden zu lassen. Auch ist es nicht unwahrscheinlich, daß der Erzbischof um jene Zeit in nähere Beziehungen zu dem unzufriedenen Adel getreten

---

1) Urk. bei Kurz a. a. O. II, 211.
2) Böhm. Regg. Adolf n. 255 u. Pertz Mon. IV, 213.
3) Urk. b. Kurz a. a. O. II, 213.

sei. Aber auch Adolf selbst soll das gethan haben. Albrecht hat sich später, als er König Adolf um Thron und Leben gebracht hatte, vor dem Papste zu rechtfertigen gesucht. In dem Schreiben[1], das er nach Rom sandte, geht er davon aus, daß Adolf nach seinem Herzogthum getrachtet habe. Fünf Gesandtschaften, sagt er, habe er deshalb an Adolf geschickt, ihn anzugehen, daß er von seinem ungerechten Verlangen abstehe: aber umsonst: Adolf habe selbst seine Vasallen zur Empörung verleitet.

Wenn diese Angaben wahr wären, so würde der Kampf Albrechts gegen Adolf als Nothwehr gegen Ungerechtigkeit und Willkür leicht zu entschuldigen sein. Die erwähnte Erhebung der Vasallen Albrechts träte damit in ein ganz anderes Licht. Aber wir haben Grund, den Angaben Albrechts zu mißtrauen; denn die Art, wie er gleich darauf dem Papste den Verlauf seines Streites mit Adolf darstellt, ist ein Musterstück von Falschheit. In seiner großen Noth, so schreibt er, da ihn Adolfs Ungerechtigkeit fast um alle menschliche Hülfe gebracht, habe sich seiner endlich der Erzbischof von Mainz erbarmt und ihn nach Frankfurt berufen, seine Unschuld vor dem Könige und den Fürsten darzulegen. Mit wenigen zieht er aus; im Elsaß sammelt sich ein größeres Gefolge zu ihm. Der König verlegt ihm den Weg. Da fordert ihn der Erzbischof von Mainz zur Hülfe auf wider den Pfalzgrafen Rudolf, und meldet ihm, die Kurfürsten wollten Adolf absetzen und ihn erwählen; aber er stimmt ihrem Wunsche nicht zu. Sie wählen ihn doch; er nimmt ihre Wahl nicht an. Er sucht die Begegnung mit Adolf zu vermeiden; aber dieser verfolgt ihn, greift ihn an — und fällt. Es wäre fürwahr unbegreiflich, wie Böhmer diesem Schreiben ein Gewicht hat beilegen können, wenn wir nicht Grund hätten, anzunehmen, daß ihn hier seine Vorliebe für die Habsburger irre geleitet habe.

Freilich beruft sich unser Brief auf fünf Gesandtschaften an Adolf, und da noch dazu die Namen der Gesandten zumeist angegeben sind, so klingt das wie die ehrlichste Versicherung von der

---

[1] Abgedr. b. Lichnowsky Diplom. 291 ff.

Welt. Nun sind ohne allen Zweifel diese Gesandten von Albrecht wirklich abgeschickt worden: die Frage ist nur, ob sie unter den angegebenen Voraussetzungen und zu dem angegebenen Zwecke abgeschickt worden sind. Man hat diese Frage bisher unberührt gelassen, vielleicht weil man im Zweifel war, in welche Zeit jene Gesandtschaften zu setzen seien; denn Albrechts Schreiben gibt darüber keine Auskunft. Aber die Zeit derselben läßt sich doch für etliche derselben von einer andern Seite her mit ziemlicher Sicherheit bestimmen. Bei der ersten und vierten Gesandtschaft befindet sich nämlich „Bruder B., Abt des Klosters zum heiligen Kreuz, Cistercienser Ordens, Passauer Diöcese". Nach dem Urkundenbuche des genannten Klosters[1] kommt als Abt desselben im Jahre 1292 Benzo, vom Jahre 1294 an aber Berthold vor. Da nun Benzo nicht etwa eine andere Form für Berthold ist, so fragt sich, welcher von beiden Albrechts Gesandter gewesen sei? Die Wiener Fortsetzung der österreichischen Annalen bemerkt, daß im Jahre 1295 Magister Penzo, der Secretär des Herzogs Albrecht, zum Abt vom heil. Kreuz erwählt worden sei. Dieses Jahr ist nun offenbar falsch; denn Abt ist schon im Jahre 1294 Berthold. Aber das ist keine Frage, unsere Annalen wollen zum Jahre 1295 diejenige Abtswahl berichten, welche in jener Zeit die jüngste war. Das ist aber die Wahl Bertholds, und nicht die Benzo's, welcher Bertholds Vorgänger war. Der Schreiber hat die beiden Namen verwechselt. Von dem zuletzt gewählten nun sagen die Annalen, er sei der Secretär des Herzogs gewesen. Also seinen Secretär, den Abt Berthold, brauchte Albrecht, als er seine erste und als er seine vierte Gesandtschaft an Adolf schickte. Im Januar 1297 steht bereits ein Abt Ulrich dem Cistercienserkloster vor. Da nun Abt Berthold zum ersten Male im November 1294 in den Urkunden vorkommt, auch nicht anzunehmen ist, daß die genannten Annalen gleich um mehrere Jahre mit ihrer Notiz von der jüngsten Abtswahl fehlgegriffen haben, so werden wir wohl die vier ersten Gesandtschaften in die Jahre 1294

---

1) Fontes rer. Austr. II, 11.

bis 1296 setzen können, welches die Jahre sind, in denen Berthold Abt war.

Nun erinnern wir uns, daß dies zugleich die Jahre sind, in welche der neue Streit des Erzbischofs von Salzburg mit Herzog Albrecht fällt. Die Vermuthung liegt also nahe, daß es jener Streit mit Salzburg war, der jene Gesandtschaften veranlaßte und nicht die Raubluft König Adolfs.

Aber dieses ungerechte Verlangen des Königs soll auch dadurch bestätigt werden, daß Adolf die Ministerialen Albrechts zum Aufruhr verleitet habe.

Nach den österreichischen Annalen [1], sowie nach Ottokar haben nun allerdings die Ministerialen sich in Verbindung mit König Adolf gesetzt; aber aus eben diesen österreichischen Geschichtsquellen geht mit Sicherheit hervor, daß der Anlaß hiezu nicht von dem Könige ausging, und daß dieser doch der Sache sehr ferne blieb. Nach Ottokar haben die Ministerialen zuerst König Wenzel um Hülfe gebeten, aber nur für den Fall, daß Albrecht an ihnen wegen ihrer Forderungen Rache nehmen wolle, also nicht für einen Angriff, sondern für die Vertheidigung, und Wenzel habe diese Hülfe zugesagt, wenn König Adolf sie ihm bringen heiße. Diese Vollmacht habe denn auch Adolf gegeben.

Wir sehen, es ist doch ein großer Unterschied zwischen Albrechts Brief und der Darstellung Ottokars. Dort ist König Adolf der Urheber und Leiter der Verschwörung, und sein Motiv ist das Verlangen, Albrecht seiner Herzogthümer zu berauben. Hier steht der König in dritter Linie, der Aufstand geht von dem Adel selbst aus, und nur für den Fall, als es zum Kriege zwischen diesem und dem Herzog kommen sollte, fordert Adolf den König von Böhmen auf, dem Adel zu helfen. Es ist für uns kein Zweifel, welche von beiden Angaben den Vorzug verdiene.

Einen Schein von Wahrheit haben Albrechts Aeußerungen immerhin, nur daß sie die Sache verdrehen. Denn war es der Streit mit Salzburg, der Albrechts Gesandtschaften veranlaßte,

---

1) Contin. Zwetl. III et Cont. Vindob. der österr. Annalen bei Perp Mon. XVII.

dann wird allerdings Adolf auf Abstellung der Beschwerden gedrungen und im Falle der Weigerung mit dem Verluste der Herzogthümer gedroht haben. Dazu aber hatte der König ein Recht oder stand wenigstens in der Meinung es zu haben; denn unter den Streitpunkten war auch jener wegen des Salzwerks, und im 13. Jahrhunderte nahmen die deutschen Könige das Bergwesen als ein Regale bereits in Anspruch[1].

Wir finden es bei der drohenden Haltung, welche Albrecht von Anfang an gegen König Adolf eingenommen hatte, erklärlich, wenn dieser gegen ihn keine Nachsicht übte, und wenn er sich in einer Frage, bei der das größere Recht auf Salzburgischer Seite war, auf diese Seite stellte. Wäre nur Adolf scharfsichtiger und entschlossener gewesen und gegen den trotzigen Vasallen zum Angriff übergegangen, wie ehedem Friedrich I. gegen Heinrich den Löwen! Er hätte sich dadurch wahrscheinlich vor seinem eigenen Sturze gerettet.

In der Zeit der Tage von Stockerau und Trübensee, in der Zeit, da König Adolf wegen des neuen Salzwerks in der Gossau ein Verbot an Albrecht hatte ergehen lassen, am 6. März 1295 ernannte dieser seinen Oheim A. von Hohenberg[2] und andere Bevollmächtigte, um einen Verlobungsvertrag für seinen Sohn

---

1) Zöpfl a. a. O. 479. Anm. 4.
2) Irrthümlich hat Chmel jene Vollmacht, welche sich im Formelbuch K. Albrechts l. l. c. 277 findet, in's Jahr 1298, Lichnowsky gar in's Jahr 1299 gesetzt. Das letztere Jahr ist von vornherein unmöglich, da Albrecht, der als Gesandter in der Urkunde angeführt wird, bereits am 17. April 1298 im Gefechte gefallen ist. Aber auch Chmel ist im Irrthum. Die Urkunde könnte nur vor dem 17. April 1298 ausgestellt sein. Aber am 27. Febr. 1298 ist Albrecht von Hohenberg bei dem Friedensschluß Albrechts v. Oesterr. mit Otto v. Bayern anwesend, welchen Frieden er selbst mit hat vorbereiten helfen. Dann führt er eine Hülfsschaar für Herzog Albrecht, bis er am 17. April bei Oberndorf fällt. Wie hätte auch Herzog Albrecht jetzt, wo der entscheidende Kampf unmittelbar bevorstand, einen seiner besten und thätigsten Rathgeber in die Ferne schicken sollen? Noch von einer andern Seite her wird der Irrthum offenbar. Nach Adolfs Fall, noch vor dem Sept. 1298, beglückwünscht der französ. König den Sieger und spricht von jener Verhandlung über die Heirath als eine, welche „jam pridem" stattgefunden habe, und die er nun gerne wieder aufnehme. Es war also eine lange Pause von gewiß mehreren Jahren in den Verhandlungen eingetreten. Wissen wir nun aus dem Pariser Archiv durch Waiz, daß Albrecht am 6. März 1295 Bevollmächtigte ernannt hat,

Rudolf mit einer der Schwestern des Königs von Frankreich abzuschließen. Ueber die Bedeutung dieses Schrittes kann kein Zweifel sein. Wir erinnern uns, daß König Adolf am 31. August 1294 an Frankreich den Krieg erklärt hat. Es ist eine Allianz mit dem Feinde des Königs, die unzweideutige Einleitung zu einem Kriege mit Adolf. Dieser Abordnung einer Gesandtschaft sind wahrscheinlich schon Verhandlungen vorhergegangen, und es ist nicht unwahrscheinlich, daß der König von Frankreich dem Herzog Hülfsgelder für den Krieg mit Adolf in Aussicht gestellt oder bezahlt habe[1], wie er in der That solche Geldbündnisse auch mit andern zum Reiche gehörigen Fürsten für diesen Zweck geschlossen hat[2].

Aber auch im Reiche suchte Albrecht neue Verbindungen zu knüpfen. Zwar blieb, wiewohl Wenzel den Adel Oesterreichs im Stiche ließ, das Verhältniß zwischen beiden Schwägern, wie es scheint, immer noch unsicher; dagegen gelang es ihm, mit Otto dem Langen von Brandenburg engere Beziehungen herzustellen durch eine Heirath zwischen des Kurfürsten Sohn Hermann und Albrechts Tochter Anna. Um den Anfang des October 1295 wurde die Hochzeit zu Gräz in Steyermark mit großer Pracht gefeiert[3]. Hier fand sich auch ein Gesandter des Königs von Frankreich, der Bischof von Bethlehem ein, wohl um weitere Verhandlungen in Bezug auf die im März nach Paris ergangene Botschaft zu pflegen.

Der österreichische Adel hatte bis zu dieser Zeit, wie es scheint,

---

um einen Verlobungsvertrag mit dem französ. Könige abzuschließen, so ist wohl kaum ein Zweifel mehr, daß das Procuratorium pro contractu connubii im Formelbuch K. Albrechts eben jenes vom 6. März 1295 ist.

1) Flassan in seiner Histoire générale de la Diplomatie française T. I, 1 3, spricht dies geradezu aus: Philippe de son coté fit un pareil traité de subside et d'alliance avec de duc d'Autriche; celui-ci disant qu'il ne trouvait pas honteux de se mettre aux gages de la France, puisque le chef de l'empire se rendait stipendiaire de l'Angleterre. cf. Daniel Histoire de France T. V, 29.

2) Brequigny (contin. par Pardessus et Laboulaye (Table chronologique de diplomes etc. concernant l'histoire de France T. VII, f. 389. 391 mit Heinr. v. Luxemburg, 392 mit Humbert v. Vienne, 420 mit dem Grafen von Holland.

3) Ottokar Cap. 635 ff.

die Waffen noch ruhen lassen, und Albrecht seinerseits säumte mit dem Angriff. Beide Theile machten wohl von dem Verlaufe, den der Salzburgische Streit nehmen werde, ihre Entschlüsse abhängig. Da gab mit einem Male die plötzliche Erkrankung Albrechts in der ersten Hälfte des November[1], oder vielmehr das Gerücht von seinem Tode, den Feinden des Herzogs das Zeichen zum Angriff. Der Erzbischof von Salzburg ließ Albrechts Salzwerk in der Gossau zerstören und begann damit den Krieg. Ebenso erhob sich der Adel von Oesterreich. Er wurde zu spät inne, daß Albrecht noch am Leben sei. Mit der Hülfe, die ihm aus Schwaben zugezogen war, belagerte dieser nun im Norden der Donau die eine und die andere Burg. Vergebens sah der Adel nach der böhmischen Hülfe aus, umsonst suchte er die Bundesgenossenschaft des ungarischen Grafen Iwan und der Wiener Bürgerschaft. Da schloß einer um den andern seinen Frieden mit dem Herzog, der klug genug war, nicht allzu spröde zu sein.

Für Herzog Albrecht waren diese Vorgänge Anlaß, die Vorbereitungen zum Kampfe mit seinem Oberherrn und Könige zu beschleunigen. Die letzte Gewaltthat des Salzburgers, der seinen Rückhalt an dem Könige hatte, sowie die günstige Wendung, welche der Gang der Dinge in Deutschland für seinen Plan genommen, mochten die letzten Bedenken zerstreut haben.

Der einflußreichste der Kurfürsten, Gerhard von Mainz, war inzwischen Adolfs Gegner geworden. Von den drückenden Zusagen, welche Adolf dem Erzbischof bei der Wahl hatte machen müssen, waren doch verschiedene unerfüllt geblieben. So blieb

---

[1] Die Nachrichten der österr. Chroniken über diesen Vorfall und das hieran sich knüpfende Auftreten des Salzburgers werden urkundlich bestätigt durch die Protestationsschrift Albrechts an den Papst v. 29. Juni 1296, abgedr. von Chmel im Formelbuch K. Albrechts I. Archiv f. K. österr. Geschichtsqu. II, 284 sqq. Die Nachricht, daß Gift die Ursache der Erkrankung gewesen sei, findet sich bei den meisten österr. Quellen, worauf jedoch wenig Gewicht zu legen ist. Die Zeit ist mit diesem Verdacht sehr schnell bei der Hand, so z. B. bei Erzbischof Rudolfs Tod in Erfurt, bei Rudolf des Jüngeren Tod zu Prag ꝛc. Keine der österr. Quellen wagt übrigens diesen Verdacht der Vergiftung mit König Adolfs Namen in Verbindung zu setzen. Nur der habsburgisch gesinnte Ellenhard (Chron. ap. Pertz Mon. XVII, 135) thut dies, aber auch nur mit der Einleitung: quidam dicunt.

trotz der gegebenen Zusage der Bachgau bei Ulrich von Hanau, und das Verhalten des Königs zu letzterem war derart, daß man sieht, es lag dem König mehr daran, diesen Feind des Erzstifts zu verstärken, als zu schwächen¹. Nicht lange nach seiner Wahl hatte Adolf den Erzbischof zum Reichsvicar und Landfriedens= hauptmann in Thüringen gemacht², aber nicht ihn, sondern Ger= lach von Bruberg finden wir im Jahre 1296 als Hauptmann und Adolfs Stellvertreter in jenem Lande³. In demselben Jahre nimmt der König die Bürger von Erfurt gegen den Erzbischof in seinen Schutz⁴. So ist im Jahre 1296 die Spannung zwischen dem König und Gerhard bereits vorhanden. Vom Juni 1295 an scheint der Erzbischof sich mit feindseligen Plänen gegen den Kö= nig zu tragen. Denn von jener Zeit an schließt er eine Anzahl von Schutz= und Trutzbündnissen, bei welchen gegen den sonstigen Brauch das Reich oder der König nicht ausgenommen wird⁵.

Andere Umstände wirkten wohl mit, den Erzbischof auf der neuen Bahn, die seine Politik betrat, zu bestärken und zu fördern. Hier kommt zunächst die Stellung in Betracht, welche der Papst in dem englisch=französischen Kriege eingenommen hat. Er ist für Frankreich gegen Adolf und Eduard. Eben in jener Zeit, die wir als einen Wendepunkt in der Politik Gerhards von Mainz bezeichneten, im Juni 1295 mahnt der Papst den Erzbischof, den König in seinem Kriege mit Frankreich nicht zu unterstützen. Im März des folgenden Jahres verbietet er es ihm von neuem, und entbindet ihn für diesen Fall seines Vasalleneides gegen den Kö= nig⁶. Diese Mahnungen mochten auf einen um so empfängliche=

---

1) Die Begünstigungen, die der König ihm zu Theil werden läßt, s. in Böhm. Regg. Adolf nn. 148. 191. 261. 2c.
2) Urk. II. am Schlusse der Abhandlung.
3) Urk. v. 14. Juni u. 2. Juli 1296 in Perz Mon. IV, 464.
4) Urk. 1296 Mai 17. bei Böhm. Regg. Adolf n. 413 cf. Barthold Ge= schichte der deutschen Städte III, 134.
5) Bündnisse v. 6. Juni 95 mit dem Schenken von Schweinsberg (Bayer. Reichsarchiv), 12. Dec. mit den Herren von Saberohausen (Würdtwein), 20. Dec. mit den Grafen v. Seyn (Würdtwein), 21. Juni 96 mit dem Ritter Rude (Würdtwein).
6) Raynald. Ann. eccl. XIV, 481 et 494.

ren Boden fallen, als bei dem deutsch-englischen Bündnisse der
Einfluß Gerhards vor dem des Erzbischofs von Cöln ganz in
Schatten getreten war; denn der letztere hatte hauptsächlich dieses
Bündniß vermittelt, und die Eifersucht[1] zwischen den beiden
Erzbischöfen war wohl auch hier nicht ohne Einfluß auf ihre po-
litische Stellung.

Nach der Chronik von Colmar sind Aufforderungen von Seite
des Mainzers, sowie der Herzoge von Sachsen und Brandenburg an Herzog Albrecht in Betreff seiner Erhebung gegen König
Adolf ergangen. Die Art des Berichts verbietet es, sie mit den
späteren Verabredungen zu Prag zu identificiren, oder sie später
als diese zu setzen. Enthält diese Nachricht einen Kern von
Wahrheit, woran zu zweifeln kein Grund ist, so werden wir nicht
zu viel wagen, wenn wir annehmen, Gerhard von Mainz sei schon
um den Juni des Jahres 1296 mit Albrecht in nähere Beziehungen getreten, und wenn wir das entschlossenere Auftreten
des Herzogs seit jenen Tagen mit der Stellung, die jetzt Gerhard
von Mainz dem deutschen Könige gegenüber einnimmt, in Verbindung setzen.

Von diesem Gesichtspunkte aus betrachten wir die folgenden
Handlungen Albrechts. Am 25. Juni des Jahres 1296 schließt
Albrecht mit Leutold von Kunring, der mit am längsten unter
dem aufständischen Adel Albrecht widerstanden hatte, einen Vertrag, kraft dessen der Ritter gelobt, dem Herzog „mit aller seiner
Macht zu helfen wider männiglich und besonders wider den König
von Rom"[2]. Wenige Tage nachher, am 29. Juni, hält Albrecht
zu Wien mit dem Bischof von Passau, einer Anzahl von Aebten
und vielen andern Klerikern und Laien eine Versammlung, welche
sich zu einer Beschwerde über Konrad von Salzburg an den
Papst vereinigt[3]. Die Gesandten, welche mit der Ueberbringung
dieses Protestes betraut wurden, sollten zwar vor allem Albrecht
in seinem Streite mit Salzburg vor der römischen Curie vertre-

---

1) Vgl. Joh. v. Victr. l. c. 331.
2) Urk. b. Kurz II, 220.
3) Die Protestationsschrift im Formelbuch K. Albrechts I. l. c.

ten, aber ihre Vollmacht geht doch noch weiter. Das Schreiben
redet auch im Allgemeinen von den Angelegenheiten des Herzogs,
für die sie dort wirken sollen. Aus der ganzen Fassung der Urkunde geht hervor, welche Wichtigkeit Albrecht dieser Gesandtschaft beilegte[1]. Es wäre nach allem, was wir bereits wissen,
zu verwundern, wenn sie nicht auch Aufträge erhalten hätte,
welche das Verhältniß Albrechts zu König Adolf betrafen. Nun
erzählt die Chronik von Colmar, Albrecht habe den Grafen Albrecht von Hohenberg nach Rom gesendet, nachdem er die oben-
erwähnte Aufforderung von Seiten der drei Kurfürsten empfangen
habe. Der Graf habe Briefe der Kurfürsten für eine neue Königswahl mitgenommen, um den Papst um Bestätigung derselben
zu bitten. In Rom habe er dann dem Papste und den Cardinälen
die Sache vorgelegt und Briefe von ihnen empfangen. Ueber
den Inhalt dieser Briefe „des Papstes" habe man nichts erfahren.
Aber jene Kurfürsten hätten bald nachher eine Versammlung auf
den 1. Mai in Reichsangelegenheiten anberaumt, und den König
sowie den Herzog dazu berufen. Als König Adolf sich deshalb
klagend nach Rom gewandt, habe der Papst weder von Bitten,
die Albrecht oder die Kurfürsten an ihn gestellt, noch von Briefen,
die er hinwieder ihnen geschrieben, etwas wissen wollen. Hat die
Sendung Albrechts nach Rom stattgefunden, und es ist kein hin-
reichender Grund sie zu bezweifeln, dann fällt sie wohl vor die
Zeit des Bundes, welchen die Kurfürsten zum Sturze König
Adolfs am 2. Juni 1297 zu Prag schlossen[2]. Es läge dann

---

1) Die Urkunde im Formelbuch K. Albr. I. c. 287.

2) Droysen setzt die Sendung A. v. Hohenbergs nach Rom, unter dem
Vorbehalt, daß sie wirklich stattgefunden hat, nach dem 2. Juni 1297 und
zwar in die Zeit vom Anfang des Winters 1297 bis zum Februar 1298. Die
Zeit vom Juni bis October 1297 wäre allerdings durch eine zweimalige Sendung Hohenbergs nach Schwaben, von der Ottokar erzählt, und durch die
Verhandlungen und Verträge, die er dort für Albrecht zu führen und abzuschließen hatte, vollkommen in Anspruch genommen. Die Zeit aber vom Februar 1298 an für die röm. Reise in Anspruch zu nehmen, wird durch die
sonst bekannten Umstände unmöglich gemacht. Im Februar selbst, und wohl
während des ganzen Monats, befand sich der Graf als Friedensvermittler in
Passau. Urk. 1298. Febr. 27. Passowe, bei Kurz, a. a. O. II, 225. So blieben denn allerdings nur etwa die Monate November bis Januar für die rö-

nahe, Albrecht von Hohenberg als einen jener Bevollmächtigten zu denken, welche nach der Protestationsschrift vom 29. Juni 1296 des Herzogs Sache in Rom vertreten sollten, und wir hätten damit einen weiteren Beweis, daß Albrecht in jener Zeit schon im Einverständniß mit dem einflußreichsten der Kurfürsten, mit Gerhard von Mainz, sein Ziel verfolgte.

Wenige Wochen, nachdem Albrecht seine Protestation an den Papst hatte ergehen lassen, finden wir ihn in dem Lager vor der Salzburgischen Veste Radstatt[1]. Sein Krieg mit Salzburg kam, nach allem was bisher geschehen war, einer Herausforderung an König Adolf gleich. Zwar belagerte er jene Veste vergeblich, aber die Gebiete des Salzburgers wurden auf das Aergste verheert. Er suchte seinen Gegner immer mehr zu isoliren. Im November 1296 gewann er den Bischof von Freysing[2]. Im Februar 1297 wurde zu Passau auch mit Otto von Niederbayern, wiewohl vergeblich, wegen des Friedens verhandelt[3]. Nach Ottokar kam der Graf von Oettingen dorthin, den Herzog im Namen des Königs wegen seines Kriegs mit Salzburg zu bedrohen; aber die Antwort, welche Ottokar dem Herzog in den Mund legt, zeigt diesen als entschlossenen Feind. Hatte er doch durch eine Vermählung seiner

---

mische Reise. Aber auch diese Annahme scheint mir in Folge einer Notiz der Chronik von Colmar unmöglich. Nach der Chronik bringt der Graf seine Briefe aus Rom erst dem Herzog Albrecht, dann den Kurfürsten, dann führt er mit den Städten in Schwaben Krieg, diese erleiden erst eine Zeit lang die Bedrängniß, bis sie zusammenkommen und eine Eidgenossenschaft gegen ihn schließen, dann belagern sie eine Burg Albrechts und nehmen sie, dann brechen sie ihm noch vier andere Burgen und zwingen ihn endlich aus dem Lande zu fliehen. Da nicht wohl anzunehmen ist, daß Albrecht während dieser Fehde im Februar zu Passau in aller Ruhe einen Frieden zwischen den Herzogen von Oesterreich und Bayern vermittelt habe, und die Fehde auch nicht wohl erst im März begonnen haben kann, da die Chronik sie außer allem Bezug zu dem Heerzug Adolfs nach Schwaben setzt, welcher in den März fällt, so muß sie schon vor dem Februar zu Ende gewesen sein. So bliebe also für diese Fehde kaum mehr als der Januar, eine für die an dieselbe sich knüpfenden Ereignisse viel zu kurze Zeit.

1) Urk. 1296 Juli 29 im Lager vor Radstatt bei Tangl, die Grafen von Pfannberg im Arch. für Kunde österr. Geschichtsqu. XVIII, 209. Irrthüml. setzt Lichnowsky diese Belagerung in den Juni 1295.

2) Urk. v. 29. Nov. 1296 bei Kurz II, 214.

3) Lichnowsky II. Regg. nn. 68—70. Ottokar Cap. 667. Contin. Florian. ad ann. 1297 bei Pertz Mon. XI, 750.

Tochter Agnes mit Andreas von Ungarn in den letzten Tagen des Jahres 1296 auch diesen König stärker in sein Interesse gezogen¹. Ungarische Truppen helfen ihm später über Adolf den Sieg davontragen. Auch mit Böhmen hat er wohl in den ersten Monaten des Jahres 1297 Unterhandlungen eingeleitet. Die Gegenwart Albrechts bei der Krönung Wenzels zu Prag, und die Beschlüsse, die hier gefaßt wurden, setzen solche voraus. Noch um die Zeit der Tage von Stockerau und Trübensee erscheint König Wenzel als der Gegner Albrechts. Die Annäherung an diesen und die Entfremdung gegen Adolf trat noch in jenem Jahre oder im Anfang des Jahres 1297 ein. Es mag sein, daß Guta von Böhmen, die Schwester Albrechts, Antheil an jener Annäherung hat, wie Ottokar berichtet. Aber noch andere Umstände wirkten hier mit. Wir sahen, König Wenzel machte Ansprüche auf die Mark Meissen; Adolf dagegen schien sie nach der Eroberung seinem eigenen Hause zuwenden zu wollen. Eine Urkunde zeigt uns im Januar 1298 Adolfs Vetter, Heinrich von Nassau², mit der Aufsicht über dieses Land betraut. Es war eine der ersten Handlungen des neuen Königs Albrecht, seinen Schwager Wenzel zum Reichsvicar in Meissen, dem Osterland und Pleissen zu ernennen³. Wie hier wohl der eigentliche Grund der Entfremdung Wenzels von Adolf zu suchen ist, so mag in dem Tode der Prinzessin Agnes, jener mit Adolfs Sohne Rupert vermählten Tochter Wenzels, ein Umstand erkannt werden, der die Gemeinsamkeit der Interessen beider Häuser auflöste und jene Entfremdung erleichterte.

Am 2. Juni 1298 fand zu Prag durch den Erzbischof von Mainz die feierliche Krönung Wenzels statt. Hier war es, wo die vereinzelten Bestrebungen der Gegner Adolfs zu gemeinsamen

---

1) 1296 post nativitatem Domini Cont. Flor. l. c.: die nähere Zeitbestimmung läßt hier eine genauere Kenntniß der Zeit vermuthen. Die Gründe, welche Lichnowsky veranlassen, die Vermählung in die Zeit um den Nov. 1297 zu verlegen, sind nicht stichhaltig.

2) H. Dei gratia, comes de Nassowe. Iudex provincialis in terra Misnensi ac Plisnensi a. S. D. Adolfo constitutus Urk. 1298. Jan. 22. Altenburg. Schöttgen et Kreissig Diplom. et SS. historicae germaniae etc. II, 217 n. 115.

3) Urk. bei Palacky, Ueber Formelbücher N. 116. p. 320.

Beschlüssen sich vereinigten. Gerhard von Mainz, Otto mit dem Pfeile und Hermann von Brandenburg, sowie Albrecht von Sachsen wurden mit dem Könige von Böhmen eins, Adolf zu entthronen und Albrecht an seine Stelle zu erheben. Albrecht, so kam man überein, solle sich rüsten zum Zuge nach dem Rheine. Die Fürsten gelobten ihm ihre Hülfe [1]. So hatte denn Albrecht für seinen Zweck ein wichtiges Ziel erreicht. Sein Wille, König zu werden gegen Adolf von Nassau, war nun auch der Wille der Mehrzahl der Kurfürsten geworden. Im Bunde mit denselben ging er dem entscheidenden Kampfe entgegen.

Wie Albrecht sich rüstete, neue Bundesgenossen warb, wie die Kurfürsten die kommenden Ereignisse mit vorbereiten halfen, wie König Adolf vor dem drohenden Sturze sich zu wahren suchte, und endlich am 2. Juli 1298 gegen Albrecht erlag, dies darzustellen überschreitet die Gränze meiner Aufgabe. Unter welchen Verhältnissen der Gedanke gewaltsamer Erhebung gegen König Adolf bei Albrecht entstand, welche Umstände ihn mit entwickeln halfen, dies zu zeigen war der Zweck der vorliegenden Arbeit. Sie vermag nicht alles zu erklären, dazu fehlt es uns noch an dem ausreichenden Urkundenmaterial. Aber ich hoffe, sie trägt dazu bei, einen Theil jener Verhältnisse in helleres Licht zu setzen.

---

1) Ottokar Cap. 653. Cont. Ratisb. Ann. Altah. Pertz Mon. XVII, 418.

I.

König Adolf verspricht dem Könige Wenzel von Böhmen, dessen Streit mit Albrecht von Oesterreich und Meinhard von Kärnthen wegen der Herzogthümer Oesterreich, Steyermark und Kärnthen schlichten zu wollen. Weitere Versprechungen in Bezug auf Albrecht von Sachsen und die Mark Meissen. Aachen am 30. Juni 1292.

Nos Adolfus, Dei gracia Romanorum rex semper augustus, recognoscimus et tenore presentium publice protestamur, quod super ducatu Austrie, Styrie et Karinthie et pertinencijs corundem inter illustres principes nostros Wentzelaum regem Bohemorum, marchionem Morauie, ducem Cracouie et Sandomirie ac Albertum Austrie et Meinhardum Karinthie duces infra hinc et festum Epiphanie proximum exnunc uiam composicionis amicabilis attemptabimus bona fide, quam si forte nequiuerimus inuenire infra terminum prelibatum, extunc iufra anni spacium praefato regi Bohemorum super hijs de prefatis ducibus iustitiam faciemus, receptis probationibus regis Bohemorum, secundum quod instrumentis, testibus ac alijs documentis legitimis nos poterit edocere, et in hijs sibi erimus iudex fauorabilis et benignus. Medio autem tempore cum ducibus Austrie et Karinthie prenotatis nullis nos uniemus nexibus parentele uel alias contrahemus amiciciam specialem, nisi de dicti regis Bohemorum fuerit beneplacito et consensu. De duce etiam Saxonie Alberto uidelicet sibi iusticiam faciemus super quacumque questione quam contra ipsum intentare uoluerit infra annum postquam requisiti fuerimus ab eodem. Praeterea marchiam Misnensem non conferemus alicui in feodum, nisi prius rege Bohemorum uocato et ad probandum de iure suo admisso, nos ad id presentibus litteris obligantes, que etiam omnia Henrici lantgrauij Hassie illustris, nobilis uiri Johannis de Limpurg, sororij nostri, Ludwici uicedomini Rincogye et Theodorici burcgrauij in Starkemberg iuramento corporali nostro nomine sunt firmata. Datum Aquisgrani, 11. kalendas Julij, anno Domini millesimo ducentesimo nonagesimo secundo, regni uero nostri anno primo ¹.

II.

König Adolf ernennt den Erzbischof Gerhard von Mainz zu seinem und des Reichs Vicar in Thüringen.
Bonn am 15. Juli 1292.

Adolfus, Dei gracia Romanorum rex semper augustus, uniuersis principibus et prelatis, baronibus, comitibus, nobilibus, ministerialibus, militibus, uasallis, ciuitatibus, opidis, ceterisque imperij fidelibus per Thuringiam constitutis graciam suam et omne bonum. Cum nos uenerabilem Gerhardum, archiepiscopum Maguntinum, archicancellarium, consanguineum et principem nostrum karissimum, uirum utique sermone potentem et opere uirtuosum, in partibus nestris constituerimus et constituamus nostrum et imperij uicarum et presentibus fiducialiter deputemus, ut ipsius studio studioso ibidem uigeat tranquille beatitudo quietis et solitae pacis gracia nutriatur, nos, de ipsius principis nostri circumspectione per experienciam comprobata nec non de consilij sui maturitate laudabili et de creditis sibi dono celesti uirtutibus indubitatam fiduciam obtinentes, administracionem liberam et jurisdictionem plenariam necnon merum et mixtum imperium in partibus eisdem nostro et imperij nomine exercenda cum plenitudine potestatis sibi totaliter committimus et concedimus per presentes, dantes sibi nichilominus auctoritatem plenariam et speciale mandatum, se de castris, ciuitatibus, bonis, rebus, possessionibus, juribus et honoribus imperij, ac de bonis tam christianorum quam judeorum intromittendi, requirendi, colligendi, ordinandi, disponendi, et specialiter pacem per diue memorie dominum Rudolfum regem Romanorum, nostrum predecessorem, in partibus Thuringie ordinatam, fouendi persequendi et exe-

---
1) Im f. Reichsarchiv dahier. Das Majestätssiegel, das die Urkunde hatte, wie die Spuren am Umschlag zeigen, ist verloren.

quendi secundum omnem tenorem in confectis super hoc litteris comprehensum, et omnia alia faciendi in partibus predictis per se uel per alium aut alios, que nobis et imperio uiderit opurtuna, ratum habituri et gratum, quicquid per eundem principem nostrum factum fuerit in premissis et quolibet premissorum, quapropter uniuersos et singulos uos rogamus, dantes nobis nichilominus districtius in mandatis, quatenus memorato principi nostro in omnibus et singulis supradictis tanquam nostro et imperij uicario et pacis capitaneo, in quem plenarie uices nostras transfundimus cuique municiones et bona imperij parcium Thuringie per omnem eundem modum commisimus, sicut nobili uiro Gerlaco de Bruberg, fideli nostro, per felicis memorie dominum Rudolfum Romanorum regem, predecessorem nostrum, commissa fuerunt, et substituto ab ipso, pro nostra reuerentia speciali fauorabiliter aspirantes, adeo sibi humiliter et deuote assistere obedire parere et intendere studeatis, quod proinde in conspectu regio prompta uestra deuocio commendetur, et in persecucione pacis predicte, quam sibi specialiter committimus, grate sibi et substituto ab ipso uestre promocionis et cooperacionis prestantes auxilium, sentencias et penas, quas in rebelles et turbatores pacis et libertatis ecclesiastice offensores pertulerit, eque ualidas habeatis ac si ab ore regio perferrentur. Datum Bunne, Idus Julij, anno Domini millesimo ducentesimo nonagesimo secundo, indictione quinta, regni nostri anno primo[1].

1) Im f. Reichsarchiv dahier. Das Majestätssiegel hängt an.